AF462979

NOUVELLE GRAMMAIRE,

CONTENANT EN ABRÉGÉ

TOUS LES PRINCIPES

DE LA

LANGUE FRANÇOISE,

Où l'on a fait usage de différents caractères déja connus, pour faciliter la prononciation.

Par B. A. BERTERA, Interprète du Roi.

Prix trente sols broché.

A PARIS,

Chez { La Veuve VALLAT-LA-CHAPELLE, Perron de la Sainte-Chapelle.
EDME, rue Saint-Jean-de-Beauvais.
L'AUTEUR, rue Pot-de-Fer, F. B. S. G.

M. DCC. LXXIII.

Avec Aprobation, & Privilége du Roi.

Bertera

AMI LECTEUR,

Vous ne serez pas trop surpris, en voyant qu'un Étranger ose donner la Grammaire de votre Langue, pour servir à ceux à qui elle est naturelle, lorsque vous saurez qu'il y a plus de cinquante ans que j'aprends cette Langue, dont plus de quarante-deux en France; de sorte que, moyennant les études de plusieurs Sciences que j'avois faites en Italie, & l'usage que j'ai acquis dans cette Capitale, je pourrois bien être devenu aussi François que la plupart des Naturels du Royaume. La lecture & la conversation m'ont apris que le François n'est point un jargon, mais que c'est une vraie Langue, comme je crois l'avoir prouvé invinciblement dans un Dialogue contre ceux qui, mal instruits, avoient une idée peu digne de sa noblesse. Mais j'ai vu en même temps que les meilleures Grammaires, quoique remplies de belles remarques & d'exemples utiles, n'exposent pas assez nettement les principes de la Langue; ce qui rend l'orthographe & la prononciation même difficiles, non seulement aux personnes qui n'ont pas étudié, mais encore à une infinité d'autres qui savent, ou du moins qui entendent les Langues mortes. Voyons si j'ai raison, ou si j'ai tort.

Je n'ai rien à dire sur la prononciation, parceque deux ou trois fautes qui échapent aux plus habiles ne peuvent choquer que les Pédants. Je dirai seulement qu'aprés avoir exactement distingué six espèces d'*e*, muet, moins muet, fermé ou aigu, ouvert, moins ouvert, ouvert & long, presque tous ont négligé l'*o*, dont les deux espèces, ouvert ou fermé, frappent les oreilles les moins délicates. J'ai donné quelques regles sur cette voyèle, & j'ai employé différents caractères déja connus, pour faciliter la prononciation de plusieurs consonnes.

La déclinaison est généralement bien traitée, & je crois n'y avoir rien ajouté du mien pour la rendre plus complète & plus claire. Si j'ai proscrit l'article indéfini, en donnant le nom de prépositions à ses parties, ce sont les plus habiles Grammairiens modernes qui m'ont apris ce dégagement.

Mais la conjugaison, principal ressort de la Langue, est obscure & difficile. On établit, avec les Anciens, cinq ou six sources des temps de chaque verbe, avec des tables qui comprennent le régulier & l'irrégulier, sans expliquer précisément en quoi l'un diffère de l'autre; on présente jusqu'à onze ou douze conjugaisons, bien qu'il n'y en ait que quatre ; & lorsqu'il s'agit de conjuguer les verbes qu'on reconnoît pour irréguliers, on omet des temps formés d'autres, qu'il faut aller chercher si on les a oubliés. Que si l'on pose quatre seules conjugaisons, les verbes *finir* ou *punir* sont modèles de la seconde, quoiqu'ils soient irréguliers comme *bénir* qu'on regarde comme tel ; & l'on met parmi les irréguliers le verbe *sentir*, qui est régulier. Ce manque de réflexion & de justesse rend aux enfants la formation des temps aussi difficile, que les Sciences les plus abstruses. Pour moi, je tire tous les temps de chaque verbe de son présent infinitif, & je place les irréguliers de chaque classe de conjugaisons sous leur modèle d'irrégularité. Vous jugerez vous-même si cette conjugaison n'est pas incomparablement plus juste & plus simple. Je me flatte que cette Grammaire ne sera point rebutante, & qu'elle épargnera aux enfants bien du chagrin, des gronderies, & sur-tout, des coups, que leur ignorance ne mérite pas, à moins qu'elle ne procède de négligence ou de méchanceté.

Pour l'orthographe, je suis peu difficile. Je désaprouve seulement la substitution de la diphthongue *ai* à la place d'*oi*. Si nous n'avions pas de règles pour prononcer deux voyèles en un instant, en changeant le son de l'une ou de toutes les deux, nous conserverions à chacune le son primitif qu'elle a dans l'alphabet, & nous prononcerions *le moïs de Maï*, *je vaïs*, *j'allaï*, *j'alloïs*, *j'iraï* ; & si la diphthongue *oi* fait tantôt *oè*, comme *je vois*, & tantôt *è*, comme *je connois*, la diphthongue *ai* fait aussi tantôt *è*, comme *un quai*, *un balai*, *je fai*, & tantôt *é*, comme *j'allai*, *j'irai*. Donc écrire *ai* pour *oi*, c'est substituer difficulté à difficulté, & retarder le progrès qu'on feroit dans la Langue par la voie ordinaire, suivie par les meilleurs Auteurs, & par l'Académie même.

Ma syntaxe est courte ; je parle aux François. Je ne fai que corriger les fautes où l'on tombe le plus. J'abrége les règles & les remarques. Je laisse les plus recherchées, ainsi que le Traité de la Versification, aux Auteurs qui y ont si bien réussi, sur-tout à ce Membre de l'Université, lequel m'a enseigné à appeller verbes actifs plusieurs de ceux qu'on regardoit comme neutres contre toute raison.

Je voudrois l'avoir su plutôt, pour l'exécuter dans mes Grammaires Italienne & Espagnole, où j'ai suprimé seulement, comme dans celle-ci, le nom de *modes*, parceque la Métaphysique ne doit pas se montrer à la porte des Sciences.

NOUVELLE

NOUVELLE GRAMMAIRE FRANÇOISE.

De la Prononciation.

LA Langue Françoiſe a vingt-cinq lètres, savoir :

A, a ; B, b ; C, c ; D, d ; E, e ; F, f ; G, g ; H, h ; I, i ; J, j ; K, k ; L, l ; M, m ; N, n ; O, o ; P, p ; Q, q ; R, r ; S, ſ ; T, t ; U, u ; V, v ; X, x ; Y, y ; Z, z.

Ces lètres se nom*m*ent de deux manieres, ou à l'ancien*n*e, feſant leſ unes du genre masculin, leſ autres du féminin, ainsi : Un a, un bé, un cé, un dé, un é, une èf*f*e, un gé, une ache, un i voyèle, un j conſon*n*e, un ka, une èl*l*e, une èm*m*e, une èn*n*e, un o, un pé, un quu, une èr*r*e, une ès*s*e, un té, un u voyèle, un v conson*n*e, un ics, un y grec, un zed.

Ou à la moderne, en les feſant toutes masculines, ainsi : Un a, un be, un ce, un de, un fe, un ge, un he, un i, un je, un ke, un le, un me, un ne, un o, un pe, un que, un re, un se, un te, un u, un ve, un cse, un y, un ze.

Cette seconde maniere facilite aux enfants l'union des lètres, parceque chacune n'étant précédée de rien, & étant suivie précisément d'un e muet, celui ci se perd pluſ aiſément en épelant, que leſ autres lètres, dont est formé le son de pluſieurs.

Nous devons cette facilité à M. Dumas, comme la distinction des consonnes *j* & *v* d'avec les voyèles *i* & *u*, à Pierre Ramus ou de la Ramée, qui l'enseigna le premier dans sa Grammaire Latine en 1557.

Les lètres *a*, *e*, *i*, *o*, *u*, *y*, ſe nomment voyèles, parcequ'elles n'ont beſoin d'aucune autre lètre pour former une voix. Toutes leſ autres, qui ne peuvent sonner sans l'accompagnement d'une voyèle, s'appellent consonnes.

Chaque voyèle formant une voix, elle forme par conséquent une syllabe, qui est une partie ou le total d'un mot, comme *parole*, *son*. Bien souvent pluſieurs voyèles ne forment qu'une syllabe, ou par *synérèſe*, dans laquelle elles gardent le son primitif qu'elleſ avoient dans l'alphabet, quoique l'une passe vîte, & que l'autre éclate, comme *bien*, *ciel*, *moelle*, *poële*; ou par *diphthongue* ou *triphthongue*, en quoi deux ou trois voyèles perdent leur son naturel, & en préſentent un autre qu'elles n'avoient pas, comme *fait*, *pain*, *cœur*, *mœurs*, *sœur*: ou bien l'une de ces voyèles garde le son naturel, & l'autre ou leſ autres le changent, comme *Dieu*, *Roi*, *Reine*, *ail*, *bail*, *sein*. Outre celà, une seule voyèle change souvent de son, lorsqu'elle eſt suivie d'un *m* ou d'un *n* dans la même syllabe, & prend un son nazal, c'est-à-dire, du nez.

Il faut donc expliquer brièvement, 1°. les

voyèles simples, qui sont ou longueſ, ou brèves ; 2°. les voyèles composées, savoir, les diphthongueſ & les triphthongues, qui sont ordinairement longues, mais quelquefois brèves ; 3°. les voyèles nazales ; 4°. enfin, les consonnes.

Prononciation des Voyèles simples.

A

Est bref lorsqu'il n'a point d'accent : *avantage*, *avoir*, *il a*, *il a eu*, *parier* ; même quand il a l'accent grave (\`) : *c'eſt à vous à glisser*, *celà est joli*, *aller deçà & delà*.

Â

Est long quand il est marqué d'un accent circonflexe (^) : *bârre*, *bârrer*, *de la pâte*, *un pâté*, *la châsse* d'un corps saint : au lieu que l'*a* est bref dans *la patte* d'un animal, *la chasse* aux bêtes. Mais cet accent circonflexe n'est pas marqué exactement, & l'on écrit *fable*, *astrolabe*, *cable*, & les pluriers, *Potentats*, *attentats*, *certificats*, &c. quoique l'*a* y soit long.

E

Est muet quand il n'est marqué d'aucun accent : *Prevôt*, *renard*, *singe*, *singes*, *ortie*, *orties*, *je serai*, *tu aimeras*, *il aimeroit*, *jetter* ou *jeter*, *redresser*. Dans les monosyllabeſ ou mots d'une seule syllabe, l'*e* est moins muet que dans les polyssyllabeſ ou mots de pluſieurs syllabes : *je*, *me*, *te*, *se*, *le*, *ce*, *que*.

É

Est aigu ou fermé, quand il est marqué d'un accent aigu (´) : *déduire*, *détail*, *été*, *pie*, *vanité*, *vérité*, *émeraude*, *émail*. Il l'est encore aux finales des verbeſ & des nomſ en *er* : *aimer*, *décider*, *espérer*, *louer*; *abricotier*, *pêcher*, *prunier*, *Boulanger*, *Mercier*, *Perruquier*, *Sellier*, *métier*, *premier*, *dernier*, *singulier*, *plurier*; & au plurier de pareils noms : *Merciers*, *Boulangers*, *métiers*, &c. Dans les terminaiſons des verbeſ en *ez*, l'*e* est aigu & long : *vouſ aimez*, *écoutez*, *liſez*; & dans *chez*, *assez*, quoiqu'il ne soit marqué d'aucun accent. Enfin l'*e* est presque toujours fermé quand il est suivi de deux consonnes qui ne sont ni *m*, ni *n*, ni *r*, ni *t* : *adresser*, *dresser*, *presser*, *espérer*, *essayer*, *essuyer*, *esquiver*; & quand il est suivi d'un *x* au commencement du mot : *examen*, *exercice*, *exorde*. L'*e* est muet dans *redresser*, quoique suivi de deux consonnes *d* & *r*; & dans *vergetter*, quoique suivi de deux *tt*. Voyez encore à la prononciation de la consonne *s*, ci-après.

È

Est ouvert, & se prononce en desserrant les dents, 1°. quand il a l'accent grave, *amèr*, *amère*, *père*, *mère*, *frère*, *Boulangère*, *Mercière*, *ouvrière*, *dernière*, *fière*, *excès*, *procès*, *succès*, *après*, *prèsque*; 2°. lorsqu'il est suivi de deux *rr* ou d'un seul, même à la fin d'un mot : *arriere*, *verre*, *tonnerre*, *terre*, *ferme*, *fer*, *hier*, *mer*, *vers*; mais il est fermé dans *ver* insecte, & dans l'infinitif des verbes, *juger*, *décider*, &c. & dans leſ imparfaits conditionnelſ & dans les futurs, quoique suivi d'un *r*, il est muet : *j'aimerai*, *tu chanteras*, *nous jouerons*, *vous travaillerez*, *vous aimeriez*, *ils persisteroient*, &c. 3°. l'*e* est ouvert avant deux *ss* & un *e* muet : *Messe*, *presse*, *je presse*, *adresse*, *je redresse*, *finesse*, *ſouplesse*; & avant un *x* dans le corps du mot : *circonflexe*, *génuflexion*, *réflexion*, *ſexte*, *texte*. Mais l'*e* est fermé dans les verbes *presser*, *dresser*, *redresser*, quand il n'est pas suivi d'une syllabe muette; & ouvert dans *secte*, *indirecte*, &c.

E

Est entre ouvert & fermé dans *mes*, *tes*, *ses*, *sept*; dans les articles *les*, *des*; dans *sonnet*, *cachet*, *poulet*, *bref*, *chèf*, *fièf*, *nef*, *sec*, *avec*; & dans l'avant-derniere syllabe de *belle*, *demoiselle*, *chandèle*, *fidèle*, *séquèle*, *tutèle*, *curatèle*; & dans celle des verbes *acheter*, *cacheter*, *décacheter*, *caqueter*, *marqueter*, *quârreler*, *vergetter*, lorsqu'elle est suivie d'une syllabe muète. Ainsi l'on doit dire *j'achète*, *je cachète*, *je décachète*, *il caquète*, *il marquète*, *on quârrèle*, *on vergette*; & non *je cachte*, *je décachte*, *on quarle*, *&c.* comme dit le peuple. L'*e* est encore entre fermé & ouvert dans *secrète*, *muette*, *brunette*, *coquette*. Il est fermé dans *clef* & *clefs*, & dans la conjonction &. Dans les pluriers des noms terminés au singulier en *ec*, *ef*, *et*, l'*e* est ouvert : *secs*, *chefs*, *fiefs*, *poulets*, *cachets*, *sonnets*, *&c.*

Ê

Avec l'accent circonflexe, est ouvert & long : *le chêne*, *le pêne*, *la bête*, *la fête*, *la conquête*, *la tempête*, *la tête*, *la crête*, *la crême*, *blême*, *blêmir*, *emblême*, *systême*, *théorême*, *Angoulême*, *Bohême*.

I

Est bref, lorsqu'il n'a que son point sans accent : *Italien*, *Indien*, *indubitable*, *infini*, *étourdi*, *immense*, *timide*, *intimider*.

Î

Est long quand, au lieu de point, il a l'accent circonflexe : *gîte*, *nître*, *titre*, *épître*; & quand il est suivi d'un *e* muet : *infinie*, *Italie*, *régie*, *j'étudierai*, *il mendieroit*, *on publiera*, *nous vous prierons*.

O

Est bref lorsqu'il n'a point d'accent : *Baron*, *bon*, *champignon*, *frêlon*, *Rome*, *Romain*, *honneur*, *honête*, *honorer*. Mais dans les finales plurieres des nomſ & des verbes, il est long : *Barons*, *champignons*, *frêlons*, *chansons*, *occaſions*, *fagots*, *escargots*, *nous nous promenons*, *nous chantons*, *ils joueront*, *elles danseront*.

O

Est long lorsqu'il a l'accent, qui est toujours le circonflexe : *Apôtre*, *côte*, *hôte*, *hôtesse*, *le vôtre*, *le nôtre*.

O accentué

Est toujours fermé : *Côme*, nom d'*homme* & de vil*le*, *cône*, figure géométrique & vil'e du Gâtinois, *contrôle*, *contrôler*, *Contrôleur*, *dôme*, *Jérôme*, *prône*, *prôner*, *rôle*, *rôder*, *ôſer*, *ôſier*, *ôter*, *le Rhône*, *la Saône*, *vôl*, *trône*, *Vendôme* ; exceptez *rôti*, *rôtir*, *Rôtisseur*, *Rôtisseuſe*, *aumône*, *Aumônier*, *le Pô*, & *côte* de mer où montagne, où l'*ô* est ouvert. Mais il est toujours fermé dans *côte* de l'animal, ainsi que dans *le nôtre*, *le vôtre*, *hôte*, *hôtesse*, *Apôtre*, &c.

O

Sans accent, est fermé à la fin des nomſ & des verbes : *Baron*, *poisson*, *occaſion*, *oraiſon*, *Barons*, *poissons*, *occaſions*, *oraiſons*, *nouſ allons*, *nous voulons*, *ils s'en vont*, *ils reviendront*, *un croc*, *un* héros, *l'os*, *leſ os*, *le broc*. Il est ouvert dans *cagot*, *fagot*, *mot*, *bloc*, *trot*, *escargot*, *pot*, *sot* ; & fermé au plurier, *des cagots*, *des fagots*, *deſ escargots*, *des pots*, *des sots*, &c. de même que dans *proſe*, *roſe*, *pose*, *dose*, *&c.* Il est encore ouvert dans *croc* ou *crochet*, *acroc*, *acrocher*, *croche*, *Hérode*, *aproche*, *aprocher*, *un coche*, *une coche*, *cocher*, *une cochevie*, *cloche*, *clocher*, *poche*, *proche*, *Rome*, *Romain*, *hoche*, *hocher*, *roche*, *roque*, *roc*, *roquer*, *héroïne*, *troc*, *croquer*, *honête*, *honneur*, *honorer*, *None*, *col*, *Prote*, *troquer*, *croquet*, *Job*, *Jonas*, *Nemrod*, *rob*, *robe*, *dérober*, *&c.*

O

Sans accent est ouvert avant les consonnes *ll*, *mm*, *nn*, *rr* & *tt* : *colle*, *coller*, *collier*, *bricolle*, *Apollon*, *comme*, *gomme*, *homme*, *pomme*, *somme*, *assommer*, *Baronne*, *colonne*, *il tonne*, *je donne*, *abhorrer*, *horreur*, *corriger*, *torrent*, *la zone torride*, *grotte*, *motte*, *marmotte*, *sotte*, *botte* ou estocade : dans *botte* d'herbes, de foin, chaussure, l'*o* est fermé. L'*o* est aussi ouvert avant deux *ss* : *cosse*, *Ecosse*, *rosse*, *brosser*, *rosser* ; mais il est fermé dans *bosse*, *Bosseman*, *bossoir*. Enfin l'*o* est ouvert encore avant une seule *r* : *accord*, *accorder*, *bord*, *abord*, *aborder*, *un cor*, *des cors* aux pieds, *le corps*, *dormir*, *s'endormir*, *effort*, *forcer*, hors, *lorsque*, *mort*, *port*, *porte*, *le Nord*, *Niort*, ville de Poitou, *tort*, *tordre*, *soie torse*, *&c.* mais il est fermé dans *ordure*. Il est encore ouvert dans *noce*, *précoce*, *féroce*, *atroce*, *&c.* & je n'oserois dire que tous les *oo* qui ne sont pas marqués ici pour ouverts, fussent fermés ; tant s'en faut qu'il n'y ait point d'*o* ouvert dans la Langue Françoise, ce qui a échappé à un des meilleurs Grammairiens : les autres n'en ont rien dit du tout.

U

Se prononce en allongeant les levres, & est bref quand il n'a point d'accent : *vertu*, *diffi-*

culté, *union*, *unique*, *réunir*. Il est muet dans *vuidange*, *vuide*, *vuider*. Voyez aussi *G* & *Q*, suivis de cette voyèle.

U

Est long, quand il est marqué de l'accent circonflexe : *bûche*, *hûche*, *chûte*, *flûte* ; & quand il est suivi d'un *e* muet : *cohue*, *connue*, *lue*, *morue*, *reçue*, *tortue*.

Y

Qui chez les Grecs & chez les Romains sonnoit comme l'*u* françois, a parmi nous le son de l'*i* dans les mots dérivés du grec : *asyle*, *Chymie*, *mystère*, &c. & s'écrit dans les noms propres : *du Fay*, *du Verney*, *le Bey*, *le Dey*, *Bayeux*, *Bayonne*. Maiſ on doit écrire *Mai*, *quai*, *lundi*, *mardi*, *mercredi*, *jeudi*, *vendredi*, *samedi* ; & non pas *May*, *quay*, &c. encore moins *Ripandelly*, *Righiny*, & autres nomſ Italiens ; car la Langue Italienne n'a point d'*y*.

Y

Entre deux voyèles, vaut deux *ii* : *payer*, *essayer*, *ayons*, *ayez*, & dans *pays*, *paysan*, *paysage*, &c. où le premier *i* fait diphthongue avec l'*a* ; & l'on prononce *péier*, *esséier*, *éions*, *éiez*, *péis*, *péiſan*, *péiſage*. C'est pourquoi l'on écrit mal *paier*, *essaïer*, *aïons*, *aïez*, *païs*, *païſan*, *païſage*, parceque les deux points mis sur une voyèle la détachent de la précédente, & dans ces mots il n'y a plus d'*i* pour faire diphthongue avec l'*a*, contre l'uſage de la prononciation. Au contraire, il faut écrire *aïeul*, *païen*, *faïence*, parceque dans ces motſ on doit prononcer l'*a* & l'*i* avec leur son naturel, & non *éieul*, *péien*, *féience*, comme indiqueroit la mauvaiſe orthographe, en écrivant *ayeul*, *payen*, *fayence*.

Prononciation des Voyèles composées, savoir : *des Diphthongues & des Triphthongues.*

A E

Sonne *a*, & l'*e* est muet dans *Caen*, ville de Normandie.

Æ,

Dans quelques mots dérivés du grec, a le son de l'*è* ouvert : *Æacus*, *Æacide*, *Æole.*

Aë,

A le son naturel des deux voyèles, comme *aërer*, *aërien.*

A I

Sonne comme *è* ouvert, avant une consonne ou un *e* muet : *air*, *aire*, *Aix*, *paix*, *mais*, *maison*, *paire*, *faire*, *tu fais*, *il fait*, *le fait*, *la haie*, *la plaie*; & dans *je fais*, *Launai*, *quai*, *tai*, *Tournai.*

A I

Fait *é* fermé dans *aigu*, *aiguiser*, *aigueyer*, *aiguille*, *aiguiller*, *aiguillette*, *aiguillier*, *aiguilleter*, *aiguillon*, *aiguillonner*, *aimer*, *j'aimois*, *j'aimai*, *j'aimerois*, *j'aimerai*, de même que dans toutes les finales pareilles du passé & du futur des verbes *j'allai*, *j'irai*, *je craindrai*, *je servirai*, & dans *j'ai* & le mois de *Mai*. Mais il faut prononcer *ai* en *è* ouvert, quand la syllabe suivante est muette : *Aigue belle*, *Aigues-mortes*, *j'aime*, *tu aimes*, *&c.* Dans l'imparfait indicatif, dans l'imparfait conditionnel & dans le futur du verbe *faire* & de ses composés, l'on prononce *ai* en *e* muet : *je faisois*, *je fairois*, *je fairai*; mais, parceque cela est contraire à la nature des diphthongues, on écrit mieux *je fesois*, *je ferois*, *je ferai*, *&c.*

Aï.

Les deux points empêchent la diphthongue, & conservent le son naturel de l'*a* & de l'*i* : *haïr*, *haïssable*, *naïf*, *naïveté*, *aïeul*, *aïeule*, *païen*, *païenne*, *faïence*.

AIL & *AILL.*

Dans ces syllabes, l'*i* ne sert qu'à mouiller les deux *ll* : *ail*, *attirail*, *travail*, *bail*, *Bailli*, *bataille*, *rocaille*, *bataillon*, *paille*, *canaille*, *travailler*, *haillon*, comme dans *Chantilli*, *Gentilli*, *Neuilli*. Ne prononcez pas *païe*, *canaïe*, *Neuïi*, *&c.*

AO

Sonne *a*, & l'*o* est muet dans *faon*, *paon*, *Laon*, *Laonois*. Dans les suivantes, l'*a* est muet, & l'on prononce *o* fermé : *aoriste*, *la Saone*, *un taon.*

AU

Fait *ô* fermé & long : *audience*, *Auditeur*, *autre*, *pauvre*, *&c.* Prononcez *o* ouvert dans *Saul*, premier nom du grand Apôtre.

Aü.

Les deux points sur l'*ü* empêchent la diphthongue, & conservent aux deux voyèles le son primitif qu'elles ont dans l'alphabet : *Emmaüs*, *Esaü*, *Imaüs*, *Saül.*

AY

Fait *ei* : *payer*, *paye*, *que j'aye*, *essayer*, *bégayer*, *il essaye*, *il bégaye* ; exceptez *Bayeux*, *Bayonne*, *Blaye*, & quelques autres, qu'on pourroit aujourd'hui écrire *Baïeux*, *Baïonne*, *Blaïe*, comme on prononce.

EA

Sonne *a*, & l'*e* est muet : *Jean*, *il mangea*, *il protégea*, *il rangea*, *nous vengeâmes*, *vous jugeâtes*. Mais si l'*é* a l'accent aigu, on le prononce *géant*, *théâtre*, *séance*, *séant*.

EAI.

L'*e* est muet, & la diphthongue *ai* sonne *é* fermé ; ou *è* ouvert, comme il est dit ci-dessus : *un geai*, *je mangeai*, *démangeaiſon*.

EAU.

Prononcez *ô* fermé & long : *eau*, *beau*, *château*, *veau*, *nouveau*, *marteau*.

EI

Fait *è* ouvert : *la Reine*, *la peine*, *la Seine*, *un peigne*, *peigner*, *peigneur*.

EIL & EILL.

L'*è* est ouvert, & l'*i* sert à mouiller les *ll* : *Corbeil*, *orteil*, *corbeille*, *bouteille*, *réveil*, *réveiller*. Ne prononcez pas *Corbéi*, *ortéi*, *corbéie*, *&c.*

EO.

L'*e* est muet : *Geole*, *Geolier*, *Georges*, *nous jugeons*, *nous mangeons*, *nous vengeons*, *&c.* où il ne fait qu'adoucir le *g*. Mais s'il a l'accent aigu, il faut le prononcer : *Géorgie*, *Géorgien*, *Géographe*, *Géographie*, *Théologie*, *Théologien*.

EU

A le son de l'*e* muet, mais fort : *Dieu*, *cieux*, *feu*, *lieu*, *peu*, *heureux*, *cheveu*, *jeune* : dans *jeûne* il eſt long. Prononcez *eu* comme *u* dans *gageure*, & dans le verbe *avoir* : *j'eus*, *j'ai eu*, *il eut*, *nous eûmes*, *que j'eusse*, *qu'il eût*.

Ne prononcez pas *j'ai éu*, *j'éus*, *j'ai iu*, *j'ieus*, ni *hureux.*

EUIL & EUILL.

La diphthongue *eu* se prononce comme *e* muet fort, & l'*i* sert à mouiller les *ll* : *chevreuil*, *Nanteuil*, *Verteuil*, *seuil*, *feuille*, *qu'il veuille*, *Neuilli.*

EY

Fait *è* ouvert : *Bey*, *Dey*, *Verney*, *Belley*, *Bugey* ; ou *Bellei*, *Bugei*, *&c.*

Œ

Fait *é* fermé : *Bœotie* ou *Béotie*, *œconome*, *œconomie*, *œſophage*, *œcuménique.*

ŒU

Fait *e* muet fort : *cœur*, *chœur*, *mœurs*, *nœud*, *vœu*, *bœuf*, *œuvre.*

ŒUIL & ŒUILL.

Prononcez *e* muet & fort, & mouillez les *ll*, à cauſe de l'*i* : *œuil* ou *œil*, *œuillade*, *œuillet.*

OI

Se prononce en *o* fermé, & l'*i* eſt muet dans *oignon*, *oignonet*, *oignoniere.*

OI

Fait *oè*, 1°. dans les monoſyllabes, ou mots d'une ſeule syllabe : *Foix* comté, *foi*, *fois*, *froid*, *loi*, *Loir* animal & riviere, *moi*, *toi*, *soi*, *soif*, *soin*, *soit* verbe & adverbe, *droit*, *poids*, *poing*, *pois*, *poix*, *noix* : 2°. dans les polyſyllabes, ou mots de pluſieurs syllabes, terminés en *oi*, *oie*, *oin*, *oir*, *oire*, *ois*, *oiſe*, *oit* ; comme *convoi*, *emploi*, *joie*, *courroie*, *soie*, *Savoie*, *beſoin*, *sainfoin*, *raſoir*, *comptoir*, *gloire*,

gloire, *la Loire*, *l'Observatoire*, *concevoir*, *surseoir*, *je conçois*, *je surseois*, *bourgeois*, *noiſe*, *Ambroiſe*, *François*, *Françoiſe*, noms de personnes, *Chinois*, *Danois*, *Hongrois*, *Ilinois*, *Suédois*, *Chinoiſe*, *Suédoiſe*, *&c.* *appoint*, *pourpoint*; 3°. quand la diphthongue *oi*, dans le corps du mot, est suivie d'un *e* muet, de *gn*, *n*, *r*, *s*, *t* ou *v*: *dévoiement*, *ondoiement*, *poignée*, *empoigner*, *pointe*, *pointu*, *appointer*, *poirier*, *boiſerie*, *poiſon*, *poisson*, *froisser*, *poitrail*, *poitrine*, *poivre*, *croître*, *acroître*, *acroissement*, *&c.*

OI

Fait *è* ouvert, 1°. dans les imparfaits indicatifs, & dans les conditionnels des verbes: *j'avois*, *tu étois*, *il seroit*, *j'aimois*, *tu aimerois*, *il mangeoit*, *je craignois*, *tu craindrois*, *il mangeroit*, *je servois*, *tu servirois*, *&c.* 2°. dans les verbes *connoître*, *paroître*, & leurs composés, *méconnoître*, *reconnoître*, *comparoître*, *disparoître*, *reparoître*; & leurſ inflexions, *je connois*, *il connoît*, *nous connoissons*, *vous connoissez*, *ils connoissent*, *il paroît*, *qu'il paroisse*, *&c.* 4°. dans les noms, *Anglois*, *Charolois*, *Ecossois*, *François*, *Hollandois*, *Irlandois*, *Lyonnois*, *Orléanois*, *Polonois*, *Japonois*, *Françoiſe*, *&c.* *harnois*, *monnoie*, *foible*, *foiblesse*, *roide*, *roideur*; & dans *foiblement*, *roidement*, *afoiblir*, *roidir*.

OIENT

Fait *ê* ouvert & long dans les verbes, comme *ilſ avoient*, *ilſ auroient*, *ils parloient*, *ils parleroient*.

Oï.

Prononcez deux ſyllabes, avec le ſon naturel de l'*o* & de l'*i*, parceque les deux points ſur l'*ï* empêchent la diphthongue : *hémorrhoïdal*, *hémorrhoïdes*, *hémorrhoïsse*, *héroïne*, *héroïque*, *Oïlée*.

OILL.

Prononcez *o*, & mouillez les *ll* dans *oille*, ragoût à l'espagnole.

OU.

Prononcez *u* sanſ allonger les levres : *four*, *tour*, *Poitou*, *Pérou*, *moutarde*, *outarde*, *soul*, *souler*, ou *saoul*, *saouler*, où l'*a* est muet ; ainsi que dans le mois d'*Août*, *aoûteron*, pousse de ce mois. Cependant on prononce l'*a* dans *aoûté*, mûri par la chaleur du mois d'*Août*, & dans ce même mot *Août*, quand il n'eſt pas précédé du mot *mois*, comme *en Août*, *à la fin d'Août*.

OUIL & OUILL.

L'*i* sert à mouiller les *ll* : *du fenouil*, *le souil* du sanglier, *citrouille*, *patrouille*, *mouiller*, *souiller*, *barbouiller*. Ne prononcez pas *barbouïer*, *souïer*, *&c.*

OY

Fait *oèi*. L'*y* vaut deux *ii*, dont le premier fait diphthongue avec l'*o*, & a le son d'*oè* bref, & le second se prononce du son naturel de l'*i* : *royal*, *royaume*, *royauté*, *foudroyer*,

UE.

Prononcez les deux voyèles de leur son naturel : *écuelle*, *continuer*, *évacuer*.

UEIL & UEILL.

Prononcez *ue* comme *eu*, c'est-à-dire en *e* muet & fort, l'*i* ne servant qu'à mouiller les *ll* danſ *écueil*, *cercueil*, *recueil*, *acueil*, *acueillir*, *recueillir*, *cueillir* ; & leurſ inflexions, *je cueille*, *je cueillois*, *je cueillis*, *j'ai cueilli*, *je cueillerois*, *que je cueillisse*, *je cueillerai*, *&c.*

UI.

Prononcez les deux voyèles de leur son naturel en une syllabe : *lui*, *nuit*, *huile*, *tuile*, *tuilerie* ; & mouillez les *ll* dans *cuillierée* ou *cuillerée*, *cuilleron*, *Juillet*, *Juilli.*

Prononciation des Voyèles nazales.

AIM & AIN.

Prononcez *ai* en è ouvert, & *m* & *n* en *n*, non des dents, mais du palais & un peu du nez : *essaim*, *étaim*, *faim*, *essain*, *étain*, *main*, *pain*, *sain.*

AM & AN,

Dans la même syllabe, sonnent *an* du palais & du nez : *Ambroise*, *ampoulle*, *framboise*, *Antoine*, *Charlatan*, *danse*, *nuance*, *abondance*, exceptez *Amsterdam.* Si le *m*, ou le *n*, appartient à la syllabe qui suit, la prononciation nazale n'a pas lieu, le *m* se prononce des lèvres comme *Amsterdam*, & le *n* des dents & du bout de la langue : *amour*, *amateur*, *lame*, *Anne*, *âne*, *haneton.*

EIN,

Dans la même syllabe, sonne *èn* du nez : *peindre*, *peinture*, *Peintre*, *teindre*, *teint*, *Teinturier*, *dessein*, *feindre*, *feinte.*

EM,

Dans la même syllabe, sonne *an* du nez : *emmener*, *temps*, *tempérament*, *Luxembourg* ; exceptez *Agamèmnon*, *Mèmnon*, *Emmanuel*, *Emmaüs*, *Décèmvir*, *Décèmvirat*, *Septemvir*, *Septemvirat*, *Bethléem*, *Jerusalem*, *Mathusa-*

lem, où l'*e* ne prend point le son de l'*a*, & le *m* se prononce des lèvres.

EN,

Dans la même syl*l*abe, fait aussi *an* du nez : *enchérir*, *enrichir*, *venger*, *vendre*, *noblement*, *prudence*, *prudent*, *enivrer*, *ennoblir*, *émolument*. Exceptez, 1°. *Centumvir*, *Centumvirat*, *Décennal*, *Triennal*; 2°. les mots terminés en *en* ou *ien*, comme *Chrétien*, *Parisien*, *Pharisien*, *Italien*, *Sicilien*, *Agen*, *le bien*, *le mien*, *le tien*, *le sien*, *le moyen*, *Julien*, &c. où l'*e* garde le son naturel, quoique le *n* soit nazal, ainsi que dans *Chrétienté*; 3° les inflexions des verbes *tenir*, *venir*, & de leurs composés : *je tiens*, *je viens*, *tu soutiens*, *il devient*, *qu'il revienne*, *nous deviendrons*; 4°. les inflexions en *enne* des verbes *prendre*, *comprendre*, *aprendre*, *entreprendre*, *reprendre*, & autres composés de *prendre* : *que je prenne*, *que tu comprennes*, *qu'il entreprenne*, & généralement la syl*l*abe *enne* : *empenner*, *désempenner*, *moyenner*, *moyennement*, *moyennant*, *ennemi*, où l'*e* garde le son naturel, un *n* est muet, & l'autre se prononce des dents. Mais la syl*l*abe *ient* se prononce *ian* dans *orient*, *s'orienter*, *ingrédient*, *impatient*, *patient*, *patienter*, *s'impatienter*, *émollient*, *expédient*. On prononce aussi *ien* en *ian* dans *expérience*, *patience*, *impatience*.

EN

Ne se prononce jamais à la fin des verbes : *ils aiment*, *ils se fient*, *ils se multiplient*, *ils crient*, *ils aimoient*, *ils aimèrent*, *qu'ils aimassent*, *ils aimeroient*.

IM,

Dans la même syl*l*abe, prononcez *en* du nez :

brimbale, *brimbaler*, *impatient*, *impoli*, *pimpant*; exceptez *Ibrahim*, *Selim*, noms d'*h*om*m*es; & tous les caſ où le *m* appartient à la syl*l*abe suivante : *imiter*, *Imaüs*, *Iman*, *Primat*, *Primatie*, &c.

IN,

Dans la même syl*l*abe, se prononce *èn* du nez : *indécence*, *indécent*, *Inde*, *Indien*, *Intendant*, *Juin*, *pin*, *vin*, *Augustin*, *dessin*, *infini*, *malin*. Mais si la syl*l*abe *in* est suivie d'une voyèle, ou que le *n* appartien*n*e à la syl*l*abe qui suit, l'*i* ne devient point *e*, & le *n* se prononce du bout de la langue & des dents : *ruine*, *divin amour*, *Augustine*, *inaction*, *ineptie*, *initier*, *inoculer*, *il dessine*.

IMM & INN.

Prononcez les deux *mm* des levreſ, & les deux *nn* du bout de la langue & des dents, gardant toujours le son naturel de l'*i* : *immatériel*, *immédiat*, *immortel*, *immaculée*, *immuable*, *innée*, *innovation*, *innover* : exceptez *innocence*, *innocent*, *innocemment*, où l'on prononce bien l'*i*, maiſ un seul *n*.

O M.

Prononcez un peu du nez : *plomb*, *plomber*, *Plombier*, *ombre*, *sombre*, *nombre*, *comparaiſon*, *comparer*, *rompre*, *corrompre*, &c.

O N.

Prononcez aus*s*i du nez : *donjon*, *maiſon*, *oraiſon*, *pigeon*, *du son*, *ilſ ont*, *ils sont*, *ilſ auront*, *ils viendront*, &c.

Mais, si les lètres *om* & *on* sont suivies d'une voyèle, ou d'un autre *m*, ou d'un autre *n* ; dans le premier cas, le *m* ou le *n* appartient à la voyèle suivante ; & dans l'un & dans l'autre cas, le *m* se prononce des levreſ, & le *n* du bout de la langue & des dents : *Côme*, *dôme*, *comme*, *comment*, *pomme*, *fomenter* ; *cône*, *prône*, *thrône* ; *je donne*, *il sonne*, *il tonne*.

UM & UN

Sonnent *eun* du nez : *parfum*, *chacun*, *un*, *importun ;* maiſ on prononce l'*u* du son naturel, le *m* des levreſ & le *n* de la langue & des dents, quand ces consonneſ appartiennent à la syllabe qui suit : *parfumer*, *une*, *chacune*, *importune ;* & quand le *n* est suivi d'un mot commençant par voyèle ou par *h* muet : *un Indien*, *chacun étoit inquiet*.

Prononcez l'*u* en *o* dans *Centumvir*, *Duumvir*, *Triumvir*, *Triumvirat*, *Duumvirat*, *Centumvirat*, *rumb ;* & *factum*, prononcez *facton*.

Prononciation des Consonnes.

B

Se prononce des lèvreſ avec un doux bruit : *bonheur*, *Batême*, *bas*, *Bénoît*, *rubis*, *abdication*, *ablution*, *Abnaquis*, peuples d'Amérique, *subvention*. S'il y a deux *bb* de suite danſ un mot, l'un est muet ; & dans cette Grammaire il sera marqué avec un caractère différent : *Abbé*, *Abbesse*, *Abbaye*. L'on suprimera aussi l'une de ces deux consonnes, quand elles seront suivies d'une autre consonne : *abrégé*, *abréger*, *abréviateur*, *abréviation*. Ces deux précautions seront priseſ à l'égard deſ autres consonnes.

B

Avant *c*, *s*, *t*, prend le son du *p* : *abcès*, *substance*, *substituer*, *obstacle*, *obtenir*, *subtendante*, ligne géométrique, *subterfuge*.

A la fin des noms propres, le *b* garde le son

primitif : *Aminadab*, *Caleb*, *Jacob*, *Job*, & dans *rumb* de vent, qu'on prononce *romb* : le *b* est muet dans *plomb*, *aplomb*, *surplomb*.

C

Se prononce du palais avec force avant *a*, *o*, & avant les consonnes : *canon*, *cause*, *colombe*, *corps*, *clarté*, *crayon*, *action* ; même lorsque l'*a* fait diphthongue avec l'*i* : *Vicaire*. Avant *u*, le *c* perd sa force, ainsi qu'avant *œu* : *cuisine*, *Cure*, *Curé*, *cœur*. Avant le *q*, le *c* est muet : *acquérir*, *acquiter*.

C

Avant *e* & *i* prend le son du *s* : *cèdre*, *ceinture*, *centre*, *ciboule*, *citrouille*, *souci*.

Les Grecs & les Romains prononçoient le *c* avec force avant *e*, & *i* comme avant les autres voyèles & avant les consonnes. J'ai entendu quelques François prononcer le *c* avant *e* & *i* un peu plus serré que le *s* ; je crois qu'ils font bien : *Persée* se distingue bien de *percée*, *cela* de *sela* ; & il faut écrire *sidre* & *Thyrsis*, quoiqu'on trouve *cidre* & *Thyrcis*, contre l'étymologie, quand la prononciation seroit la même.

Ç

Avec cette virgule au bas, qu'on appelle cédille, se met avant *a*, *o*, *u*, quand on veut le prononcer avec le son qu'il a avant *e* & *i* : *je commençai*, *tu commenças*, *il commença*, *nous prononçâmes*, *vous prononçâtes*, *aller çà & là*.

Quand il y a deux *cc* avant *e* ou *i*, le premier a le son fort du palais : *accès*, *succéder*, *succintement*, *occidental*. N'écrivez ni ne prononcez pas *Occéan*, mais prononcez *Océan*.

Quand on trouve deux *cc* avant *a*, *o*, *u*, ou avant une consonne, l'un est muet, & sera ici en caractère différent ; & avant une autre consonne, il sera suprimé : *accabler*, *accord*, *accusation*, *acrocher*, *acroître*, *acroissement.*

Prononcez le *c* du palais de la bouche en *g*, dans *Claude*, *second*, *secondement*, *seconde*, *secret*, ainsi que le second *c* de *cicogne*, *ciconneau*, qu'on écrit mieux *cigogne*, *cigoneau.*

CHA, *CHE*, *CHI* ou *CHY*, *CHO*, *CHU*,

Se prononcent en repliant la langue sur les dents inférieures, comme le *sch* des Allemands, le *ch* des Portugais, & le *scia*, *sce*, *sci*, *scio*, *sciu* des Italiens, si ce n'est que l'*u* est toujours *u* françois : *charité*, *cheval*, *cheveu*, *acheter*, *chicorée*, *chocolat*, *chucheter*, *Chymie*, *Chymiste.* Ne prononcez pas *chzeval*, *chzeveu*, *achzeter*, &c.

CH

Se prononce du palais comme *k*, 1°. avant une consonne : *Christ*, *Chrétien*, *Arachné*, *Chloé*, *Chloris* ; 2°. même avant une voyèle, dans les mots dérivés des langues orientales : *Achab*, *Chanaan*, *Chananéen*, *Archétype*, *Archiépiscopal*, *Catéchumène*, *Melchior*, *Nabuchodonosor*, *Pulchérie*, *Zacharie* ; mais dans plusieurs de ces mots le *ch* sifle à la françoise : *Chérubin*, *Ezéchias*, *Ezéchiel*, *Joachin*, *Michel*, *Monarchie*, *Monarchique*, *stomachiqae*, *Zachée* ; & dans ceux qui commencent par *archi* : *Archévêque*, *Archévêché*, *Archimandrite*, *Archimandritat*, *Archiprêtre*, *Archiprêtré*, *archiviole*, &c. *Ch* est siflant dans *Patriarche*, & fort en *k* dans *Patriarchal*, *Patriarchat.* J'aimerois mieux prononcer de cette seconde maniere : *Achéron*, *Psyché*, que de la premiere.

C final

Se prononce du palais comme *k : agaric*, *aqueduc*, *choc*, *bloc*, *bec*, *Duc*, *échec*, *estoc*, *lac*, *Languedoc*, *S. Marc*, *sac*, *Sensaric*, *tric-trac*, *&c.* Il est muet dans *amict*, & *lacs* ou *laqs.* Dans les mots suivants, il ne se prononce qu'étant suivi d'une voyèle : *blanc*, *broc*, *franc*, *tronc*, *jonc*, *marc*, *Cotignac*, *estomac*, *tabac*, *almanach : du tabac en poudre*, *le broc a été vuidé*, &c. Dans le mot *donc* on prononce le *c*, même avant une consonne, mais lors précisément qu'il commence la phrâse.

D,

Au commencement, & au milieu du mot, se prononce en touchant du bout de la langue les dents supérieures avec un doux bruit : *dame*, *dé*, *demande*, *droit*, *adjugé*, *admirer.* Si cette consonne est redoublée, il faut la prononcer double : *Adda*, riviere de Lombardie, *addition*, *additionner*, *adducteur*, muscle qui fait aprocher un membre d'un autre, *reddition.*

D final

Se prononce, dans les noms propres : *David*, *Obed*, *Abiud*, *Eliud.* A la fin des autres mots le *d* est muet : *le gond*, *le nid*, *le muid*, *le pied*, *grand*, *rond*, *quand ;* mais dans quelques-uns de ces mots, il prend le son du *t*, lorsqu'ils sont suivis d'une voyèle : *grand admirateur*, *le gond est cassé*, *quand on veut :* au plurier on ne fait sonner que le *s : mes plus grands amis*, *les gonds étoient dorés.*

F

Se prononce en aprochant les dents supérieures de la lèvre inférieure : *la foi*, *une fois*, *du foie*, *défendre*, *défense*, *défi*, *certifier*, *Flandre*, *fraise*, *frotter*, *fructifier*, *fureur*.

Quand il y a deux *ff*, l'un est muet, & sera ici en caractère diférent, & suprimé avant une consonne : *différence*, *différend*, *différent*, *office*, *effort*, *affection*, *efficacité* ; *fraude*, *ofre*, *afront*, *éfronté*, *cofre*, *soufrir*.

F final

Se prononce : *actif*, *expressif*, *Juif*, *cerf*, *bœuf*, *neuf*, *veuf*, *chef*, *nef*, *nerf*. Il est muet dans *clef*, *cerf volant*, *chef-d'œuvre*, *bœuf salé*, *nerf de bœuf* ; & dans les pluriers, *bœufs*, *neufs*, *œufs*.

Lorsque *neuf*, nom de nombre, est suivi d'une consonne, le *f* est muet : *neuf personnes*, *neuf carrosses* ; mais lorsqu'il est suivi d'une voyèle, il se prononce en *v* : *neuf Officiers*, *neuf heures* ; le *h* étant muet, on ne considere que la voyèle suivante.

G,

Avant *e* & *i*, se prononce avec un doux bruit, en aprochant le bout de la langue des dents supérieures sans les toucher : *Georges*, *géant*, *ménage*, *gendre*, *genre*, *agir*, *girouette*.

G

A un son fort du palais avant *a*, *o*, *ua*, *ue*, *uon*, sans laisser entendre l'*u*, & avant une consonne, même avant un *h* : *galanterie*, *Agathe*, *gomme*, *il brigua*, *brigue*, *vogue*, *guenon*, *voguons*, *briguons*, *Agde*, *Magdebourg*, *suggérer*, *augmenter*, *gloire*, *grive*, *grace*, *Aggherus*, *Berghen*.

G

Sonne moins fort dans *gu*, *gué*, *guè*, *guâ*, *gueu*, *gui*, *guoit*, *guoient* ; comme *ambigu*, *aigu*, *guérir*, *guèrre*, *guêpe*, *gueule*, *anguille*, *guide*, *guider*, *guinder*, *briguer*, *voguer*, *je voguai*; car *ai* sonne *é*; *ils voguoient*, *ils briguoient*, sans laisser entendre l'*u* avant une voyèle.

Prononcez *gu* séparément de la voyèle suivante dans *arguer* & ses inflexions, *j'arguai*, *il argua*, *j'arguois*, *&c.* *ciguë*, *aiguë*, *ambiguë*, *contiguë*, *ambiguïté*, *contiguïté*.

Prononcez *gui* en laissant entendre l'*u*, mais en une syllabe avec l'*i*, dans *aiguille*, *aiguillée*, *aiguiller*, *aiguillette*, *aiguillettier*, *aiguillier*, *aiguillon*, *aiguillonner*, *Aiguillon*, ville ducale, *aiguisement*, *aiguiser*, *aiguiseur*, & *Guise*, ville ducale; mais l'*u* est muet & ne sert qu'à fortifier le *g* dans *guise*, façon, manière, qui se prononce comme *guide* ci-dessus.

G

Suivi de *n* au commencement du mot, se prononce du palais de la bouche: *gnome*, *gnostique*, & dans *agnat*, *agnation*, *agnatique*, *ignée*, *Progné*. Par-tout ailleurs *gn* se prononce avec douceur, de la langue & des dents de dessous: *daigner*, *regner*, *il daigne*, *il regne*, *tu craignis*, *nous peignîmes*, *nous feignons*, *compagnon*, *agneau*, *assignation*, *assigner*, *signe*, *désigner*.

G final

Se prononce du palais dans les noms propres, comme *Agag*, *Abisag*, *Phaleg*, *Siceleg*, *Scanderbeg*. Il est muet dans *doigt*, *étang*, *hareng*, *legs*, *rang*, *sang*, *seing*, *vingt*, *long*, *Faubourg* ou *fauxbourg*. Il a le son du *k* dans *bourg*, *suer sang & eau*, *le sang humain*, *long aprentissage*, *rang élevé*, à cause de la voyèle qui suit.

H

Est une vraie consonne quand il est aspiré, &

il faut prononcer un peu du gosier la voyèle qui le suit, comme dans les mots suivants, où il sera marqué d'un caractère différent : ha! habler, hablerie, hableur, hache, hacher, hachis, hachoir, hachure, hagard, haha, haie, haillon, haine, haïr, haire, halage, halbrand, hâle, halebas, halener, hâler, haleter, haleur, halle, hallebarde, hallier, halte, hameau, hampe, hanche, hangar, hanneton, hanter, happe, happelourde, happer, haquenée, haquet, Haquetier, harangue, haranguer, haras, harasser, harceler, harde, hardes, hardi, hardiesse, hareng, harengaison, hargneux, haricot, haridelle, harnacher, harnois, haro, harpe, harper, harpie, harpon, hart, hase, hâte, hâter, hâtif, haubans, haubert, have, havre, havresac, hausse, haussecol, haussement, haussepied, hausser, haut, hautain, hautbois, hautecontre, haut-de-chausse, haute-futaie, haute justice, haute-paie, Hautesse, hauteur, hautfond, hazard, hazarder; hé! hem! hennir, hennissement, Héraut, hère, hérisser, hérisson, hérissonner, hernie ou hergne, herniux, héron, Héros, hersage, herse, herser, hêtre, heurt, heurter, heurtoir; hibou, voilà le hic, hideusement, hideux, hie, hiérarchie, hisser; hoc, hoca ou hocca, hoche, hochement, hocher, hochepied, hochepot, hochet, holà, homard, hongre, honte, honteusement, honteux, hoquet, hoqueton, horde, hormis hors, hordœuvre, hotte, hottée, houblon, houblonnière, houe, houer, houille, houlette, houppe, houpper, hourdage, hourder, houret, houri, hourque, hourvari, housseaux, houssettes, houspiller, houssage, houssaie, Houssard ou Housard ou Hussard, housse, housser, houssettes, houssine, houssoir, houx, hoyau; huche, hucher, huchet, huchette v. m. petite huche,

huche, *huée*, *huer*, *Huguenot*, *Huguenotisme*, *huguenotte* ustensile, *halotte* ou *huette*, *humer*, *hune*, *hunier*, *huppe*, *huppé*, *hure*, *hurlement*, *hurler*, *hutte*.

Et au commencement de presque tous les noms de villes & de pays, hormis ceux qui viennent du Grec & du Latin, & dans le mot *Henri*. Cette aspiration empêche toute élision de voyèle qui précede, toute prononciation de *r*, *s*, *t*, *&c.* qui sonneroient avant *h* muet, & la prononciation dentale du *n*; comme *la Haye*, *la haie*, *la Hesse*, *la Hollande*, *la Hongrie*, *le Hainaut*, *le Hongrois*, *le Héros*, *les Hongrois*, *les Héros*, *les Hollandois*, *des harengs*, *de la bière sans houblon*, *crier haut*, *toile de Hollande*, *aller en Hollande*, *faire un haricot*, *manger du haricot*, *des haricots*, *ma herse*, *ta houe*, *sa hie*. Et quoiqu'on dise *pour Hollande*, *sur Hollande*, en prononçant le *r*, & *d'Hollande*, en fesant l'élision de l'*e*, il vaut mieux dire *sur la Hollande*, *pour la Hollande*, *de Hollande*; & l'on ne dit pas *de l'Hollande*, *les Hollandois*, *les Hongrois*, *des harengs*, *des haricots*, *mon herse*, *ton houe*, *son hie*, comme on dit *mon humeur*, *ton haleine*, *son humilité*.

H

Est aussi aspiré dans *aheurtement*, *s'aheurter*, *déhaller*, *déharnacher*, *éhancher*, *enhardir*, *enharnacher*, *rehausser*, *haïssable*, *cahutte*; & dans *ah! eh! oh!*

H

Est muet par-tout ailleurs; c'est pourquoi il sera mis ici en caractère italique : *Heroïne*, *héroïque*, *héroïsme*, *&c.* & l'on doit faire l'élision : *l'homme*, *l'honneur*, *l'honêteté*; prononcer le *n* des dents; *en homme d'honneur*, *un honête* *homme*; & prononcer leſ autres consonnes quî le précedent : *un grand homme, faitſ héroïques, leſ Héroïnes du Christianisme, &c.*

Les mots *huit, huitaine, huitième*, n'admettent avant eux ni éliſion ni liaiſon, quoique le *h* y soit muet : *le huit du mois, en huit jours, dans huit jours, le huitième, la huitaine, les huit écus.* On prononce, & l'on écrit aussi, *le onze, le onzième, la onzième, Louis Onze, le oui & le non*, comme avant *huit, &c.*

Voyez encore *CH* à la lètre *C*, & *PH* à la lètre *P*.

Enfin *h* est muet à la suite du *r* & du *t*, dans la même syllabe : *Rhéteur, Rhétorique, rhinocéros, rhubarbe, théâtre, threſor, Threſorier, Théologie, Théologien, Théologal, théologique.*

J

Se prononce avec un doux bruit, en aprochant le bout de la langue des dents supérieures, sans les toucher, comme le *g* avant *e* & *i* : *Jasmin, Jéſus, jointure, jonquille, juste, ajuster.* Il ne faut pas confondre cette consonne avec la voyèle *i*, en écrivant *Jndes, Jntendant, Jtalie, &c.* Ecrivez *Indes, Intendant, Italie* ; & *Joſeph, Juillet, Jules*, & non *Iules, Iuillet, Ioſeph, &c.*

K

A lieu dans les mots qui viennent du Nord & de l'Orient, & se prononce du palais comme le *c* avant *a, o*, avec force : *le Kan des Tartares, Kèbula.* Prononcez avec moins de force *Kyrie, kyrielle.*

L

Se prononce en aprochant le bout de la langue, des dents supérieures : *laine, lentille, lion, Lyon, long, luth, canal, pastel, fil, subtil, sol, seul.*

L

Est souvent muet en conversation, dans *quelque*, *quelqu'un*; il l'est toujours dans *filſ* & *Gentilſhommes*; il l'est aussi dans *baril*, *chenil*, *coutil*, *fenil*, *fournil*, *fuſil*, *gentil* pour joli, *outil*, *surcil*, *cul*, *soul* ou *saoul*, à moins qu'une voyèle ne suive immédiatement.

L

Est aussi ſouvent muet en conversation, danſ *il*; & au contraire, on le fait toujours sonner dans le plurier *ils*. L'un & l'autre me paroît mal, parcequ'avec une infinité de verbes, l'on ne distingue paſ à l'ouie le singulier & le plurier : *il parle*, *il chante*, *il rit*; *ils parlent*, *ils chantent*, *ils rient*; *il aime*, *ilſ aiment*; *il écoute*, *ilſ écoutent*, *&c.* Si l'on prononce la lètre *l* au singulier, & qu'on la suprime au plurier, en prononçant le *ſ* en liaiſon avant une voyèle, *ilſ aiment*, *ilſ écoutent*, l'équivoque est ôtée, & le son est agréable.

L

Se mouille, 1°. dans les diphthongues *ail*, *eil*, *œil*, *œuil*, *ouil*, *ueil*, *eill*, *euill*, *&c.* comme aux voyèles compoſées, sans prononcer l'*i*; 2°. en prononçant l'*i* danſ *Avril*, *babil*, *Gentil* ou *Païen*, *Gentilhomme*, *mil* sorte de grain, *péril*; 3°. en prononçant aussi l'*i* danſ *ill*, aux mots suivants, *aiguille*, *aiguillée*, *aiguiller*, *aiguillette*, *Aiguillettier*, *Aiguillier*, *aiguillon*, *aiguillonner*, *Aiguillon* ville & Duché, *anguille*, *babillard*, *babiller*, *babilloire*, *Bastille*, *béatilles*, *billard*, *billarder*, *broutille*, *canetille*, *canetiller*, *charmille*, *cheville*, *cheviller*, *Chamillard* nom de Maiſon; *Castille*, *Castillon*, *chenille*, *cochenillage*, *cochenille*, *cochenilier*, *cochenillier*, *coquillage*, *coquille*, *la Courtille*, *la Courtillere*, *Drille*, *Avillane*, *famille*, *fretiller*, *habiller*, *grille*, *griller*, *grillon*, *fille*, *filleul*, *filleule*, *Aurillac*, *esquille*, *jonquille*, *lentille*, *millet* ou *mil*, *périlleux*, *pécadille*, *pendiller*, *pillard*, *piller*, *quille*, *Quillebœuf*, *Rille* rivière, *Rilli*, *sillage*, *Silleri*, *sillon*, *sourciller*, *spadille*, *tilleul*, *vrille*, *vriller*, *la Vrillere* Duché, & dans *Sulli*.

L

Ne se mouille pas dans leſ autres rencontres d'*il*, *ile*, *ill*, *ille*, comme *mil*, *mille* dix fois cent, *mille* chemin de mille pas, *fil*, *file*, *argile* ou *argille*, *Gille*, *pupille*, *tranquille*, *Lille*, *île*, *ville*, *village*, &c.

Lorsque deux *ll* de suite doivent sonner, ils seront en caractere uniforme, comme *Apollon*, *allégorie*, *alléguer*, *appellatif*, *belligérant*, *belliqueux*, *collation* d'un bénéfice, *collusion*, *constellation*, l'Egliſe *Gallicane*, *illégitime*, *illicite*, *illimité*, *illustre*, *illustrer*, *illustrissime*, *millenaire*, *vaciller*, &c. Et lorsque l'un des deux ſera muet, on le trouvera en caractere différent, comme *allumer*, *allumette*, *collation* petit repas, *Collége*, *Citadelle*, *Demoiſelle*, *nouvelle*, *Nouvelliste*, *Récollet*, *telle*, *quelle*, &c.

M

Est, ou nazal, ou labial, ou muet. Il est nazal, c'est-à-dire, il se prononce du nez, à la fin des mots, comme *Adam*, *nom*; & quand la syllabe *em* est suivie d'un autre *m*: *emmanteler*, *emmancher*, *emménager*, *allégremment*, *innocemment*, *prudent*. Voyez aux voyèles nazales leſ exceptions qu'il y a.

M

Est labial, savoir, se prononce des lèvreſ, avant une voyèle : *aimable*, *mémoire*, *miroir*, *monnoie*, *mur* ; & danſ *Amnon*, *automnal*, *amnistie*, *calomniateur*, *calomnie*, *calomnier*, *indemniſer*, *indemnité*, *femme*, *femmelette*, quoique dans ces quatre derniers mots l'*e* devienne *a*, & le premier *m* de *somnambule* ; & généralement avant un autre *m* : *immédiat*, *immortel*, *&c.* comme ci-après.

M

Est muet dans *damner*, & ses dérivés *damnable*, *damnation*, *condamner*, *condamnation* que l'on prononce en allongeant la syllabe *da* : *dâner*, *dânation*, *condâner*, *&c.*

On fait sonner les deux *mm* dans les noms propres : *Ammon*, *Emmanuel*, *Emmaüs*, *&c.* & dans les mots qui commencent par *imm* : *immatriculer*, *immatériel*, *immense*, *&c.* & quand il n'en faudra prononcer qu'un, il sera en caractere différent : *comme*, *comment*, *commencer*, *commetre*, *commission*, *Commis*, *Commissaire*, *commodité*, *pomme*, *pommelé*. Mais dans *femme* & *femmelette* les deux *mm* seront uniformes, comme servant l'un ou l'autre à changer l'*e* en *a*.

N

Est, ou nazal, ou dental, ou muet. Outre ce qui est dit dans les voyèles nazales, cette consonne se prononce du nez à la fin des substantifſ & deſ adverbes, quoique le mot suivant commence par une voyèle : *attention extrême*, *union intime*, *du pain à cornes*, *du boudin excellent*, *du vin en cave* ; *il y a environ un an*, *selon Hippocrate*, *allons-nouſ-en avec lui*, *il n'y a rien à espérer* ; & à la fin des pronoms *en* & *on* :

donnez-nous-en aussi, qui substitueroit-on à sa place? Mais le *n* se prononce des dents au pronom *en*, avec les verbes qui commencent par une voyèle : *j'en ai, nous-en-avons, je vous-en envertai.*

N

Est dental, ou se prononce des dents, à la fin des adjectifs suivis de leurs substantifs qui commencent par une voyèle, ou par un *h* muet : *mon ame, ton esprit, son habit, bon usage*; dans *bien, en, on, rien*, quand la voyèle qui commence le mot suivant se prononce jointe à cette consonne : *des principes bien établis, vous vous vous en irez demain, on entend du bruit, beaucoup entreprendre pour ne rien achever*; & dans ces mots *abdomen, amen, examen, Hymen.* Enfin le *n* est dental quand il fait syllabe avec la voyèle suivante : *pronom, inimitié, caneton, canard, anus.* Avant une consonne il est nazal : *abondance, constance, instant*; mais dans *enn*, il ne l'est qu'au verbe *ennoblir.* Voyez *EN* aux voyèles nazales.

Deux *nn* de suite sonnent ordinairement *n* simple, & le muet sera ici en caractere différent : *la Baronne, une canne, de l'indienne, un inconnu, un innocent, l'innocence*; mais lorsqu'ils devront sonner tous deux, le caractere en sera uniforme : *annate, annexe, annuel, inné, &c.*

P

Est ou labial ou muet. Il est labial, c'est-à-dire, il se prononce des lèvres, mais plus fort que le *b*, avant une voyèle, & avant les consonnes *l, n, r, s, t* : *parier, périr, piller, porter, purger, pyramide, plat, pneumatique, prudent, Pseaume, baptismal, exemption, rédemption, Rédempteur, Septembre, Septen-*

trion, *septante*, *septuagénaire*, *Septuagésime*; dans *Gap*, *cep*, & dans *beaucoup* & *trop* suivis d'une voyèle : *quoiqu'on ait beaucoup étudié*, *il ne faut pas trop entreprendre*. *Un coup extraordinaire* se peut dire dans le style soutenu, en fesant sonner le *p*.

P

Est muet dans *Baptême*, *baptiser*, *baptistère*; *comptable*, *compte*, *compter*, *comptant*, *compteur*, *comptoir*, *exempt*, *exempter*, *sept*, *septième*, *septièmement*, & *septier* dont le premier *e* est muet; dans *symptome*, *symptomatique*; & dans les finales : *le camp ennemi*, *un champ étendu*, *le loup a enlevé beaucoup de moutons*.

Deux *pp* de suite sonnent ordinairement comme un seul : *appât*, *appétit*, *appuyer*, *opposer*. S'ils sont suivis d'une consonne, on en peut suprimer un : *apliquer*, *aprendre*, *oprimer*.

PH

Se prononce en *f* : *Pharaon*, *phénix*, *Philosophe*, *Philosophie*, *phrâse*.

Q

Sonne comme *k* dans *coq*, *coq à l'âne*, *cinq hommes*, *cinq pour cent*, *le cinq de cœurs*, *de piques*, *&c.* Mais si ces mots sont suivis d'une consonne qui s'y attache dans la prononciation, le *q* est muet : *un coq d'Inde*, *cinq personnes*. Hors ces deux mots, le *q* est suivi d'un *u* & d'une autre voyèle.

QUA

Sonne *ka* : *quadrant*, *qualité*, *quantité*, *quarante*, *quârré*, *quatre*, *&c.* excepté les mots suivants, où *qua* se prononce comme *coua* : *aquatile*, *aquatique*, *équateur*, *équation*, *liquation*

Quadragésime, *quadragénaire*, *quadrangle*, *quadrangulaire*, *quadrature*, *quadricolor*, *quadriennal*, *quadrifolium*, *quadrige*, *quadrilatère*, *quadrinôme*, *quadrupède*, *quadruple*, *quadrupler*, un volume *in-quarto*, *quaternaire*, *quaternité*.

QUE

Se prononce *ke* : *barque*, *Exarque*, *Monarque*, *&c*. Mais si l'*e* de *que* n'est pas muet, on prononce *ke* avec douceur : *acquérir*, *acquêts*, *quête*, *conquête*, *marquer*. Dans les suivants, prononcez l'*u* : *liquéfaction*, *Questeur*, *statue équestre*.

QUI

Se pronoce *ki* avec douceur : *acquit*, *acquiter*, *qui*, *quiconque* ; & *ké*, toujourſ avec douceur, ſi l'*i* devient *e* : *Quimper*, *du quinquina*, *Tonquin*. Maiſ on prononce l'*u* danſ *à quia*, *quindécagône*, *quinquagénaire*, *quinquagésime*, où *qua* ſonne *coua* ; *quinquennal*, *quinquennaire*, où *que* sonne *cué* ; *quintuple*, *équiangle*, *équidistant*, *équilatéral*, *équimultiple*.

R

Se prononce en feſant trembler la langue entre les dentſ ouvertes : *reprocher*, *réprimer*, *rire*, *roide*, *ruminer*.

De deux *rr* de suite, on n'en prononce ordinairement qu'un, c'est pourquoi je les mettrai en caracteres différents : *Arrêt*, *bârre*, *derriere*, *terre*, *guerre* ; & lorsque les deux devront sonner, ils seront en caractere uniforme : *erreur*, *errer*, *horreur*, *horrible*, *abhorrer*, *terreur*, *terrible* ; *je courrois*, *vous acquerrez*, *nous mourrons*.

R

Est presque muet en conversation, dans *notre*, *votre*, suivis d'un substantif qui commence par une consonne : *notre pays*, *votre sœur* ; excepté *Notre Pere* pour Dieu, & *Notre Dame* pour la Sainte Vierge ; excepté aussi les cas où ces deux pronoms sont suivis d'un substantif qui commence par une voyèle, ou par un *h* muet, & lorsqu'ils sont substantifs eux-mêmes : *notre appartement*, *votre héritage*, *le nôtre*, *la nôtre*, *le vôtre*, *la vôtre*.

R

Est muet dans *Monsieur*, quoiqu'on le prononce dans *Sieur* ; il est aussi muet à la fin des noms en *er* & en *ier*, qui signifient des Artistes, des Officiers, des Ouvriers, des arbres fruitiers, *Artificier*, *Batelier*, *Boucher*, *Cocher*, *Horloger*, *Lormier*, *Marinier*, *Mercier*, *Perruquier*, *Sellier* ; *abricotier*, *amandier*, *cerisier*, *châtaignier*, *groseiller*, *maronnier*, *pécher*, *prunier*, *figuier* ; & à la fin des infinitifs des verbes en *er* : *aimer*, *aller*, *chanter*, *parler*, *raisonner*, &c. Mais dans le discours soutenu, & dans les vers, l'on fait entendre le *r* avant une voyèle : *peut-on être dévot, & cacher un dessin d'en imposer au simple, & tromper le plus fin ?*

R

Sonne dans toutes les autres syllabes finales : *le Czar*, *la mèr*, *amèr*, *fièr*, *hièr*, *Jupitèr*, *éclair*, *vouloir*, *espoir*, *bonheur*, *amour*, *désir*, *plaisir*, *finir*, *punir*, *jouir*, &c.

S

Se prononce du bout de la langue, en siflant à peu près comme le *c* avant l'*e* & l'*i* ; ou en bruyant, &, pour ainsi dire, en bourdonnant un peu du nez, comme le *z*. Entre deux voyèles, il se prononce en bruyant : *case*, *maison*, *ôsier*, *Muse*, &c. excepté *préséance*, *resemeler*, &

peu d'autreſ, où le *s* est siflant. Pour distinguer ces deux sons, le siflant sera rond, & le bruyant sera long, comme jusqu'ici.

S

Est encore bruyant danſ *Alſace*, *balſamine*, *balſamique*, Holſace, & dans la syllabe *tranſ* avant une voyèle : *tranſaction*, *tranſiger*, excepté *transir* & *Transylvanie*.

S

Est toujours siflant avant une voyèle, ainsi qu'avant une consonne : *sagesse*, *sévérité*, *situation*, *sonder*, *surmonter*, *pensée*, *perversion*, *chanson*, *Ronsard*, *sangsue*, *Alceste*, *Ascagne*, *Asdrubal*, *presbite*, *&c.*

Quand il y a deux *ss* de suite, l'un est siflant & l'autre muet : *assembler*, hisser, *posséder*, *Prusse*, *Russie*, *assommer*, *assurer* ; excepté *Manassé*, *Manassès*, *Jessé*, & quelqueſ autres nomſ étrangerſ, où les deux *ss* se prononcent. Avant deux *ss*, l'*e* de la syllabe *pre* est fermé : *pressentir*, *pressentiment*, *opresser*, *opression*, *presser* ; mais si la syllabe suivante est muette, l'*e* de *pre* est ouvert : *la presse*, *je presse*, *ils pressent*, *&c.* Il en est de même de l'*e* avant les deux *ss* de *dresser*, *adresser*, *redresser*, *l'adresse*, *j'adresse*, *je redresse*. L'*e* est encore aigu avant les deux *ss* dans les mots qui commencent par *dess* : *dessaler*, *dessécher*, *&c.* maiſ il est muet dans *dessus*, *dessous* ; de même que dans ceux qui commencent par *ress* : *ressasser*, *ressembler*, *ressouvenir* ; excepté *ressuyer* & *ressusciter*, où il est aigu.

S

Est muet dans les syllabes *sce*, *sci* : *Sceptre*, *discernement*, *scie*, *science* ; & dans les syllabes *sche*, *schi* : *schelling*, *schisme*, *Schismatique.*

S final

Est siflant : *l'as de quârreaux*, *agnus castus*, *aloès*, *bolus*, *Boleslas*, *Stanislas*, *Wenceslas*, *bibus*, *calus*, *droit de Committimus*, *Fabius*, *Jésus*, *Phébus*, *rébus*, *sinus*, *virus*, *la vis*, *le lis*, *la Lys* riviète des Pays-Bas, *Vénus*, *Pallas* ; maiſ il eſt muet dans *la fleur de lis*, *du galimatias*, *Jésus-Christ*, *fatras*, *plâtras*, *un tas*, *du pus*, de même qu'au plurier des noms, quand ils ne sont pas suivis d'une voyèle ou d'un *h* muet : *cœurs*, *trefles*, *armes*, *amis*, *ennemis*, *aimés*, *haïs*, *&c.*

Enfin, si le *ſ* final se prononce joint au mot suivant qui commence par une voyèle ou par un *h* muet, il est bruyant : *A touteſ heures courir* haut *& bas*, *par pluie*, *neige*, *chaleurſ & frimats*, *c'est une vie de Soldats. Laſ enfin de courir par-tout*, *travailler assiſ ou debout*, *c'est un repos de Loup-garou.*

T

Se prononce du bout de la langue, en touchant l'extrémité des dents supérieures, mais plus fort qu'en prononçant le *d* : *tarir*, *tête*, *tiſon*, *total*, *tutoyer*, *je maintiens*, *je soutiens*, *le tien*, *Sébastien*, *Chrétien*, *Charretier*, *Flibustier*, *galimatias*, *nouſ étions*, *nous montions.*

T

Avant un *i* & une autre voyèle, sonne comme *ci*, 1°. dans les noms terminéſ en *tial* & en *tieux* : *primatial*, *équinoctial*, *initial*, *ambitieux*, *factieux*, *séditieux* ; 2°. dans ceux en *atie*, *èptie*, *étie*, *otie* & *utie* : *Croatie*, *Galatie*, *Primatie* *ineptie*, *Béotie*, *prophétie*, *minutie* ; 3°. dans les nomſ en *tience*, ou en *tient* : *patience*, *impa tience*, *patient*, *impatient*; & dans les verbes *patienter*, *impatienter*; 4°. dans les verbes *initier* & *balbutier* : *il est initié*, *il balbutie*; 5°. dans les noms de personnes & de peuples terminés en *tien* & en *tius* : *Capétien*, *Dioclétien*, *Domitien* (excepté *Chrétien* & *Sébastien*), *Béotien*, *Gratien*, *Égyptien*, *Vénitien*, *Domitius*, *Fabritius*, *Titius*; 6°. dans les mots en *tion*, & leurs dérivés : *action*, *actionnaire*, *affection*, *affectionner*, *diction*, *dictionnaire*, *distinction*, *proportion*, *proportionner*, *portion*, *séparation*, *&c.* excepté *combustion* & *mixtion*, où le *t* est fort.

Quand on trouve deux *tt* de suite, l'un se prononce & l'autre est muet : *attacher*, *attaquer*, *attirer*, *une botte d'asperges*, *pousser une botte*, *frotter*, *nettoyer*. Avant une consonne, l'on peut suprimer l'un des deux *tt* dans l'écriture : *atrait*, *atrouper*, *batre*, *lètre*. On prononce les deux *tt* dans *Attalus*, *atticisme*, *Attique*.

T final

Se prononce dans *Apt*, *brut*, *le Christ*, *correct*, *direct*, *fat*, *huit*, *indult*, *le lest*, *rapt*, *sept*, *le zénith*, *entre le zist & le zest*, & dans *vingt-un*, *vingt-deux*, *vingt-trois*, *vingt-quatre*, *vingt-cinq*, *vingt-six*, *vingt-sept*, *vingt-huit*, *vingt-neuf*. Mais le *t* de *sept* & de *huit* est muet, lorsqu'ils sont suivis d'une consonne : *sept galeres*, *huit vaisseaux*; le *t* de vingt est muet aussi hors les cas ci-dessus, s'il n'est suivi d'une voyèle, ou d'un *h* muet : *nous étions vingt dans le bateau*, *ils étoient quatre-vingt-deux*, *vingt chevaux*, *quatre-vingts carrosses*, *vingt écus*, *vingt hommes*; cependant le *t* est toujours muet dans *vingts* : *quatre-vingts Officiers*, *quatre-vingts hommes*. L'on ne prononce ni *t* ni *s* dans *Jésus-Christ*.

A la fin des autres mots, le *t* ne sonne qu'il ne soit suivi d'une voyèle : *il fut interdit*, *il lisoit une lètre*, *un Saint Hermite*; *il faut tout observer*, *ils viennent à nous*, *il fut des premiers*, *il lisoit ses lètres*, *un Saint Patriarche*, *il faut tout remplir*, *ils viennent tous*, *ils viennent hardiment*.

T

Est toujours muet aux finales *ct* : *aspect*, *circonspect*, *respect*, *suspect* (excepté *correct* & *direct*); & dans la conjonction *&*, qui pour celà n'a point lieu en vers avant une voyèle, ni avant un *h* muet.

Cet & *cette* dans la conversation, se prononcent souvent *st*, *ste* : *cet homme*, *cette femme*.

V

Se prononce en appuyant doucement les dents supérieures sur la lèvre inférieure, avec ce bruit agréable qui le distingue du *f* : *vanité*, *vérité*, *victoire*, *voiture*, *vouloir*. Il ne faut pas confondre cette consonne avec l'*u*, en écrivant *vn*, *vne*, *lover*, *le Louure*, pour *un*, *une*, *louer*, *le Louvre*, ni *morve* pour *morue*, *&c.*

X

Au milieu & à la fin des mots suivants, se prononce comme *cs* ou *ks* : *axe*, *sexe*, *fixe*, *préfixe*, *Astianax*, *borax*, *storax*, *luxe*, *équinoxe*, *mixte*, *mixtion*, *Sixte*, *sexte*, *texte*, *linx*, *larinx*, *Ixion*, *Buxtorf*, *Auxerrois*, *Auxois*, *index*, *onyx*, *phénix*, *Pollux*, *Styx*, & quelques autres noms propres. Ne prononcez pas *seske*, *fiske*, *luske*, *&c.* mais *sekse*, *fikse*, *lukse*, ou *secse*, *ficse*, *lucse*, *&c.*

X

A le son du *s* siflant dans *Aix*, *Aix la-Chapelle*,

Auxerre, *Auxone*, *Bruxelles*, *Luxeuil*, *six*, *dix*, *dix-sept*, *dix-neuf*, *soixante*, & leurs dérivés, *soixantième*, *dix septième*, *dix-neuvième*. Maiſ il a le son du *ſ* bruyant ou du *z*, dans les dérivés de *deux*, *dix* & *six* : *deuxième*, *deuxièmement*, *sixain*, *sixième*, *sixièmement*, *dixain*, *dixaine*, *dixième*, *dixièmement*, *dix-huit*, *dix-huitième*; ainsi qu'à la fin des mots suivis d'une voyèle, ou d'un *h* muet : *deux écus*, *six hommes*, *dix éléphants*, *de faux amis*, *d'heureux indices*, *toux opiniâtre*.

X final

Est muet avant une consonne : *paix générale*, *poix réſine*, *noix muscade*, *toux seche*, *choux pommés*, *deux fois*, *six jours*, *dix pistoles*. Exceptez *six* & *dix*, & *Aix*, & leſ autres mots dont il est dit ci dessus que le *x* final a le son de *cs*, ou de *s*. Cette même consonne eſt muète même lorsque le mot n'est suivi de rien : *nous sommes deux*, *la paix*, *de la poix*, *des noix*, *la toux*, *ils sont ambitieux*, *ce sont mes neveux*, *&c*.

X

Se prononce comme *gz* dans les mots qui commencent par *ex* & une voyèle, ou un *h* muet : *exactitude*, *exagération*, *exemption*, *exhorter*, *exister*, *exotique*, & danſ *inexorable*. Mais dans ceux qui commencent par *exce*, *exci*, & dans ceux qui commencent par *x*, on prononce le *x* en *cs* : *excéden*, *exciter*, *Xantipe*, *Xavier*, *Xénophon*, *Ximenès*, *xocoatl* boisson, *Xucar*, rivière d'Espagne.

Z

Se prononce du bout de la langue en touchant la racine des dents supérieureſ avec un bruit nazal : *Zara*, ha*z*ard, *zèle*, *zizanie*, *zône*.

Z

Est muet dans *nez*, *chez*, *assez*, & à la fin des verbes, *vous voyez*, *parlez*, *chantez*, *vous viendrez*, *vous entendrez*; à moins qu'une voyèle ne suive immédiatement, *un nez aquilin*, *chez eux*, *assez heureux*, *vous jouirez enfin*; encore ne laisse-t-on entendre ce *z* final dans la conversation, que dans la particule *chez*, *chez eux*, *chez elles*.

Des Parties du Discours.

Les mots dont une langue est composée, sont des signes sensibles, par lesquels les hommes se communiquent les uns aux autres leurs propres pensées.

Toutes les pensées humaines regardent les objets réels ou possibles, leur existence, leur essence, leur état, leurs opérations, & les différentes circonstances qui les accompagnent. Les mots qui signifient les objets, s'appellent *Noms*; ceux qui expriment l'existence, l'essence, l'état, ou les opérations des objets, se nomment *Verbes*; ceux qui désignent les circonstances de ces objets, de leur existence, de leur essence, de leur état, de leurs opérations, s'appellent *Adverbes*.

Les Noms & les Verbes sont des parties variables ou changeantes; les Adverbes sont des parties fixes & qui ne changent point. Ces mots, *Dieu*, *Ciel*, *Terre*, sont des noms, parcequ'ils signifient des objets, & qu'ils varient aussi, *Dieux*, *Cieux*, *terres*. Ces mots, *exister*, *être*, *trembler*, *agir*, signifient, l'existence, l'essence, l'état, les opérations des objets; outre cela ils varient, *j'existe*, *tu es*, *nous tremblons*, *vous agissez*, *&c.* ce sont donc des verbes. Enfin lorsqu'on dit, *Dieu est nécessairement*, *la créature existe par hazard*, *nous tremblons fort*, *l'esprit agit continuellement*; les mots, *nécessairement*, *par hazard*, *fort*, *continuellement*, signifient des circonstances, & ne varient point; donc ce sont des adverbes.

Voilà trois sortes de mots qu'il faut bien comprendre & bien retenir, pour en user & les écrire selon le bon usage. Commençons par expliquer les premiers.

Des Noms.

NOUS venons de voir que les noms signifient les objets. Lorsqu'on nomme un objet, c'est sous l'idée d'un sexe; ou masculin, comme *homme*, *hôtel*; ou féminin comme *femme*, *maison*; ou neutre, c'est-à dire, ni masculin, ni féminin, mais indéterminé, comme *le beau*, *le bon*, *le juste*, *le vrai*, *&c.* pour dire *ce qui est beau*, *ce qui est bon*, *ce qui est juste*, *ce qui est vrai*. Cette idée du sexe masculin, féminin, ou neutre, s'appelle *le genre* du nom.

Outre celà, ou l'on nomme un seul objet au singulier, comme ci-dessus *homme*, *hôtel*, *femme*, *maison*; ou plusieurs objets au plurier, comme *hommes*, *hôtels*, *femmes*, *maisons*. C'est ce qu'on appelle *le nombre* du nom. Le singulier est l'origine du nombre plurier, qui est la variation du nom.

Enfin le nom s'emploie, ou tout seul, comme *Dieu*, *créature*, *homme*, *femme*, ou avec un petit accompagnement qui désigne le genre & le nombre du nom, & s'appelle *article*; c'est *le* pour le singulier du genre masculin, & *la* pour le singulier féminin; & au plurier *les* pour l'un & l'autre genre; ainsi, *le Dieu qui nous a créés, la créature, l'homme, la femme; les Dieux des Païens, les créatures, les hommes, les femmes.*

Ces mots, *le*, *la*, *les*, ne s'appellent articles que lorsqu'ils précedent le nom, & qu'ils en marquent le genre & le nombre, comme dessus; mais quand ils ne sont pas suivis du nom, ils en tiennent la place, & sont eux-mêmes des noms qu'on appelle pronoms, comme lorsqu'on dit, *je le vois, je la reconnois, je les éprouve*, *le*, *la*, *les*, désignent *l'homme*, *l'animal*, *la femme*, *la bête*, *les objets*, *les personnes*, *les choses*, qu'on a nommés auparavant. Ainsi l'article n'est pas une nouvelle partie du discours, mais une espèce de nom emprunté pour en accompagner un autre.

Notez que, comme en François on n'a point de noms neutres par leur terminaison, comme dans d'autres langues, mais seulement par l'indétermination sous laquelle l'esprit conçoit les objets, ces noms ayant la terminaison masculine; de même il n'y a pas d'article neutre, mais le masculin y suplée, comme dessus, *le beau*, *le bon*, *le juste*, *le vrai*, *&c.*

Le nom entre de plusieurs manieres dans le discours, & d'autres langues expriment ces manieres par les différentes combinaisons du nom au singulier & au plurier; mais les noms François n'ont que deux terminaisons diverses, l'une pour le singulier, & l'autre pour le plurier; & pour supléer aux autres terminaisons dans chaque nombre, on prend des especes d'adverbes qu'on appelle *prépositions*, & qui, placées avant le nom, en marquent les divers usages.

Ces prépositions sont *de*, *à*, *ô*, *par*, qu'on nommoit ci-devant *article indéfini*; ce qui n'étoit pas facile, parcequ'on nommoit le vrai article *article défini.*

Lors donc qu'on emploie les noms sanſ article, on les décline, c'est-à-dire, on leſ explique avec ces prépoſitions, qui servent également aux deux genreſ & aux deux nombres.

Déclinaiſon de quelques Noms sanſ Article.

Singulier.

Pierre.	André.
de Pierre.	d'André.
à Pierre.	à André.
ô Pierre !	ô André !
par Pierre.	par André.
Marie.	Anne.
de Marie.	d'Anne.
à Marie.	à Anne.
ô Marie !	ô Anne !
par Marie.	par Anne.

Plurier.

Gents.	*H*ommes.
de Gents.	d'*H*ommes.
à Gents.	à *H*ommes.
ô Gents !	ô *H*ommes !
par Gents.	par *H*ommes.
Femmes.	Egliſes.
de Femmes.	d'Egliſes.
à Femmes.	à Egliſes.
ô Femmes !	ô Egliſes !
par Femmes.	par Egliſes.

Mais lorsqu'on donne au nom son article, les variations de cet article se forment au singulier & au plurier par ces prépoſitions, avec quelques changements, comme il suit.

Le, *l'*, *du*, *de l'*, avant une voyèle ou un *h* muet; celà veut dire *de le*, qui ne se dit point. *Au*, &, avant une voyèle ou un *h* muet, *à l'*, c'est à-dire *à le*, qui ne se dit point. *Par le*, & avant une voyèle ou un *h* muet, *par l'*.

La, *l'*, *de la*, *de l'*, *à la*, *à l'*, *par la*, *par l'*, en abrégeant de même le second article par élision, avant une voyèle ou un *h* muet, & mettant au haut, à la place de la voyèle élidée ou suprimée, une virgule qu'on appelle apostrophe.

Au plurier, l'article commun varie ainsi : *les*, *des*, *aux*, *par les*. Les deux variations *des* & *aux* sont les abrégés de *de les* & *à les*, qui ne se disent point.

L'on ne fait point d'élision au plurier de l'article, lorsque le nom commence par une voyèle, ou par un *h* muet; mais on fait une liaison douce, en prononçant le *s* & le *x* de l'article en *z*; & si le nom commence par une consonne, ou par un *h* aspiré, la liaison n'a pas lieu, & le *s* & le *x* de l'article sont muets.

Déclinaison de quelques Noms masculins avec l'Article.

Singulier.

Le Ciel.	L'Animal.
du Ciel.	de l'Animal.
au Ciel.	à l'Animal.
par le Ciel.	par l'Animal.
L'*H*omm*e*.	Le Héros.
de l'*H*omm*e*.	du Héros.
à l'*H*omm*e*.	au Héros.
par l'*H*omm*e*.	par le Héros.

Plurier.

Les Cieux.
des Cieux.
aux Cieux.
par les Cieux.

Leſ Animaux.
deſ Animaux.
aux Animaux.
par leſ Animaux.

Leſ *H*ommes.
deſ *H*ommes.
aux *H*ommes.
par leſ *H*ommes.

Les Héros.
des Héros.
aux Héros.
par les Héros.

Déclinaiſon de quelques Noms fémininſ avec l'Article.

Singulier.

La Femme.
de la Femme.
à la Femme.
par la Femme.

L'Etoile.
de l'Etoile.
à l'Etoile.
par l'Etoile.

L'*H*erbe.
de l'*H*erbe.
à l'*H*erbe.
par l'*H*erbe.

La Hotte.
de la Hotte.
à la Hotte.
par la Hotte.

Plurier.

Les Femmes.
des Femmes.
aux Femmes.
par les Femmes.

Leſ Etoiles.
deſ Etoiles.
aux Etoiles.
par leſ Etoiles.

Leſ *H*erbes.
deſ *H*erbes.
aux *H*erbes.
par leſ *H*erbes.

Les Hottes.
des Hottes.
aux Hottes.
par les Hottes.

Il est inutile de dire ici quels sont les noms qui demandent l'article, & quels sont ceux qui le rejettent, & dans quelleſ occaſionſ un même nom prend ou ne prend pas l'article. L'usage est général dans tout le Royaume; & si l'on manque dans quelques cas particuliers, dans les Provinces plutôt que dans la Capitale, nous en verrons des règles dans la Syntaxe. Maintenant il faut parler du genre & du nombre des noms.

Il y a deux principales sortes de noms, savoir, substantifs & adjectifs. Le nom substantif est celui qui subsiste tout seul dans le discours, & nous fait assez comprendre ce qu'il signifie, comme *homme*, *femme*, *Prince*, *sujet*. Le nom adjectif ne signifie qu'étant joint à un substantif, dont il énonce quelque qualité ou attribut, comme *honête*, *aimable*, *bon*, *fidèle*. Ces adjectifs ne s'entendent pas tout seuls, mais on les comprendra aussi-tôt qu'ils seront joints à des substantifs, par exemple, à ceux qui ont servi d'exemple ci-dessus, *honête homme*, *aimable femme*, *bon Prince*, *fidèle sujet*.

Du Genre des Noms substantifs.

Il n'y a de règle certaine pour connoître le genre des noms substantifs, que celle du sexe; ainsi *l'homme*, *le François*, *l'Allemand*, *l'Anglois*, *l'Italien*, *&c.* sont masculins; *la femme*, *la Françoise*, *l'Allemande*, *l'Angloise*, *l'Italienne*, sont féminins, proprement lorsqu'on parle des personnes, & analogiquement lorsqu'on parle d'usages, de langages, de modes, &c. On dit pourtant *les Gardes Françoises*, *Espagnoles*, *Walonnes*, *Suisses*, *Italiennes*, au plurier féminin; mais au singulier, il faut dire *un Soldat aux Gardes*, & non pas *une Garde*, qui ne se dit que d'un nombre de Soldats qui montent la garde : on ne dit pas même *un Garde*, si ce n'est pas un des Gardes du Corps, un Soldat donné pour garder quelqu'un, les bois, les chasses, mais non pas pour un du Régiment des Gardes.

L'usage a donné un genre aux autres noms, mais sans rapport rigoureux au sexe. On dit bien *un chat*, *une chatte*, *un chien*, *une chienne*, *un cheval*, *une cavalle* ou *une jument*, *un bœuf*, *une vache*, *un cerf*, *une biche*, &c. mais on dit *un lièvre*, *un renard*, *un blaireau* ou *un taisson*, *une grive*, *une bécasse*, *une abeille*, *un bourdon*, *un frêlon*, *un cousin*, *un grillon*, &c. mâle ou femelle; *une rosse* se dit d'un cheval ruiné; une mazette, d'un mauvais cheval; & au sens figuré & familiérement, d'un homme peu habile, d'un mauvais joueur; comme d'un mauvais Poëte, on dit que c'est *une grenouille*.

Les noms d'arbres sont généralement du genre masculin, *un acacia*, *un cèdre*, *un charme*, *un chêne*, *un cyprès*, *un mélèse*, *un pin*, *un tilleul*, *un poirier*, *un figuier*, *un amandier*, *un pêcher*, &c. *L'yeuse* est féminin, & le même arbre que le chêne verd.

Légume, *incendie* & *ouvrage* sont masculins, quoique d'habiles gens ayent autrefois fait le premier féminin.

Quelques noms sont masculins & féminins sous différentes significations: *un Aide de Camp*; *un Aide de cérémonies*; *une aide oportune*, un secours venu à propos; *les Aides & Gabelles*, qui se paient au Roi; *des aides fines*, *douces*, *délicates*, du corps, des cuisses, des mollets, de la bride, de la houssine, des éperons. *Aigle* est masculin au propre, & féminin au figuré: *l'Aigle Romaine*. *Amour* est masculin, en vers quelquefois féminin; au plurier toujours féminin: *mes premières amours*. *Evangile*, pour la partie qu'on en dit à la Messe, a été féminin jusqu'ici; mais l'Académie l'a fait masculin, comme l'a toujours été l'Ouvrage entier de chacun des quatre Saints Evangélistes. *Horoscope* est commun, savoir, m. & f. *Hymne* est f. mais en parlant des ouvrages d'*Homère* & d'*Orphée*, il est m *Masque*, *squelette* sont masculins; *idylle*, *idole*, *insulte*, *orge*, *rencontre*, *thériaque*, *Vicomté*, sont f. *Œuvre* est féminin pour acte, action, opération ; mais au singulier il est quelquefois masculin : *le grand œuvre de la Rédemption ; l'œuvre laborieux & vain de la prétendue pierre philosophale : premier, second œuvre de musique, de peinture, &c. Orgue* est masculin ; & au plurier, *orgues* est féminin. *Sujet* se dit également de l'homme & de la femme, toujours au masculin.

Du Genre des Noms adjectifs.

Les adjectifs terminés par un *e* muet sont communs, c'est-à-dire qu'ils servent au masculin & au féminin : *un jardin agréable, une vue agréable, une pensée utile, un entretien utile ; un sensible plaisir, une douleur sensible ;* & il est inutile de marquer le genre de ces noms dans le Dictionnaire.

Les noms *Juge*, *Peintre*, *Philosophe*, *Poëte*, adjectifs & substantifs, se disent également de l'homme & de la femme ; & lorsqu'ils sont substantifs, ils sont masculins.

Les adjectifs terminés en *é* fermé, *i*, *u*, sont masculins, & deviennent féminins en prenant un *e* muet à la fin, *un corps organisé*, *une vielle organisée*, *un homme sensé*, *une femme sensée*, *un joli sujet*, *une jolie figure*, *un projet hardi*, *une entreprise hardie*, *un vrai Philosophe*, *une vraie enjoleuse*, *un animal goulu*, *une bête goulue*, *un esprit bourru*, *un tête bourrue;* mais *favori* fait au féminin *favorite : le péché favori, la passion favorite.*

Beau, *nouveau*, *fou*, &c, avant un substantif qui commence par une voyèle ou par un *h* muet, *bel*, *nouvel*, *fol*, font au féminin *belle*, *nouvelle*, *folle*, comme *beau garçon*, *bel enfant*, *bel habit*, *belle fille*, *belle enfant*, *nouveau bail*, *nouvel acte*, *le nouvel homme*, *nouvelle charge*, *nouvelle étiquette*, *un chien fou*, *un fol amour*, *une folle passion*, *une folle invention*.

Mou, dans le sens figuré, pour *foible*, & en Poësie *mol*, fait au féminin *molle*, comme *un temps mou*, *un mol acquiescement à la décision de Juges incompétents*, *une molle complaisance pour une personne capricieuse*.

Il n'y a point d'adjectifs françois qui finissent en *a*, ni en *o*.

Ceux qui finissent en *c* sont, *blanc*, *franc*, *sec*, qui font au féminin *blanche*, *franche*, *seche*; *caduc*, *Grec*, *public* & *Turc*, qui font *caduque*, *Grèque* ou *Grècque*, *publique*, *Turque*; *Turquesse*, n'est que substantif.

En *d* il y a *Flamand*, *Normand*, *babillard*, *bavard*, *Picard*, *Savoyard*, *campagnard*, *camard*, *blafard*, *fuyard*, hagard, *criaillard*, &c. qui font leur féminin en prenant un *e* muet à la fin, *Flamande*, *Normande*, *babillarde*, &c. *crud*, *nud* *verd*, ou *cru*, *nu*, *vert*, qui font *crue*, *nue*, *verte*; & *grand* qui fait *grande*; mais dans le langage familier il s'élide avec l'apostrophe avant les mots suivants, quoiqu'ils commencent par une consonne : *Grand'Chambre*, *grand'chère*, *grand'chose*, *grand'merci*, *grand'mère*, *Grand'Messe*, *à grand'peine*, *grand'peur*, *grand'pitié*, *grand'rue*, *grand'salle*, *Grand'Selve*, Abbaye.

Les adjectifs terminés en *f*, comme *Juif*, *décisif*, *neuf*, *veuf*, changent *f* en *ve* pour former leur féminin, *Juive*, *décisive*, *neuve*, *veuve*.

En *g* il n'y a que *long*, & il fait au féminin *longue*.

Les terminés en *al* prennent un *e* muet à la fin pour

pour le féminin : *égal*, *fatal*, *légal*, *loyal*, *principal*, *royal*; *égale*, *fatale*, *&c.* & de même ceux qui sont le plus souvent substantifs : *Amiral*, *Maréchal*, *Sénéchal*; *Amirale*, *Maréchale*, *&c.*

Ceux en *el*, *eil*, prennent *le* au féminin : *cruel*, *tel*, *vermeil*; *cruelle*, *telle*, *vermeille*; *vieil*, qui se dit figurément *le vieil homme*, *le vieil Adam*, pour *le péché*, *le pécheur*, fait aussi *vieille*.

Gentil fait *gentille*, *Espagnol* fait *Espagnole*, & *nul* fait *nulle*.

Les terminés en *an* & *ain*, ajoutent un *e* muet au féminin : *Padouan*, *Parmésan*, *Persan*, *Toscan*, *Romain*, *sain*, *Souverain*, *vain*, *Ultramontain*; *Padouane*, *Parmésane*, *Persane*, *Toscane*, *Romaine*, *saine*, *Souveraine*, *vaine*, *Ultramontaine*; *Paysan*, adjectif & substantif, fait *Paysanne* ou *Paysane*.

Les terminés en *ien* font *ienne* : *ancien*, *Arménien*, *Egyptien*, *Indien*, *Vénitien*; *ancienne*, *Arménienne*, *Egyptienne*, *Indienne*, *Vénitienne*.

Les terminés en *in* prennent un *e* muet : *Florentin*, *Latin*, *Plaisantin*, *Trentin*, *coquin*, *sanguin*; *Florentine*, *Latine*, *Plaisantine*, *Trentine*, *coquine*, *sanguine*.

Ceux en *on*, comme *Baron*, *bon*, *bouillon*, *glouton*, *fripon*, ajoutent *ne* à leur féminin : *Baronne*, *bonne*, *&c.*

Les terminés en *er*, prennent un *e* muet pour le féminin : *étranger*, *léger*; *étrangère*, *légère*.

Les terminés en *eur* font leur féminin en *euse*, comme *Chanteur*, *Danseur*, *Porteur*, *Revendeur*; *Chanteuse*, *Danseuse*, *Porteuse*, *Revendeuse*, *&c.* Les suivants en *eur* prennent simplement un *e* muet : *antérieur*, *postérieur*, *supérieur*, *inférieur*, *majeur*, *mineur*, *meilleur*, *intérieur*, *extérieur*, *Prieur*, *citérieur*, *ultérieur*, *antérieure*, *&c.* *Chasseur* fait en prose *Chasseuse*, & en vers *Chasseresse*, ainsi que les trois suivants, dont on se sert dans la procédure, *bailleur*, *demandeur*, *défendeur*, font *bailleresse*, *demanderesse*, *défenderesse* ; & ces troiſ autreſ, uſitéſ en tout ſtyle, *enchanteur*, *pécheur*, *vengeur*, font de même *enchanteresse*, *pécheresse*, *vengeresse*.

Acteur, *accuſateur*, *Administrateur*, *Ambassadeur*, *Conservateur*, *Curateur*, *Débiteur*, *Electeur*, *Exécuteur*, *fauteur*, *Lecteur*, *moteur*, *Opérateur*, *Promoteur*, *Testateur*, *Tuteur*, font leur féminin en changeant *eur* en *rice* : *Actrice*, *accuſatrice*, *Administratrice*, *Ambassadrice*, *&c.* *Empereur* fait *Impératrice*. *Auteur* & *Docteur* sont communſ à l'*homme* & à la femme, & masculins lorsqu'ils sont substantifs.

Major est commun : *Aide-Major*, *Tambour Major* ; *tierce major*, *quinte major*, au jeu du Piquet.

Leſ adjectifs terminéſ en *ur* prennent un *e* muet au féminin : *dur*, *mûr*, *pur*, *sûr* ; *dure*, *mûre*, *pure*, *sûre*.

Les terminéſ en *s* prennent aussi un *e* muet : *Anglois*, *Danois*, *François*, *Irlandois*, *Milanois*, *Polonois*, *Portugais*, *gris*, *permis*, *ras*, *mauvais*, *niais* ; *Angloiſe*, *griſe*, *permiſe*, *&c.* Exceptez *épais*, *exprès*, *gros*, *gras*, qui font *épaisse*, *expresse*, *grosse*, *grasse* ; *frais*, qui fait *fraîche*, & *tiers*, qui fait *tierce*.

Les terminéſ en *t* prennent aussi un *e* muet : *complet*, *couvert*, *délicat*, *discret*, *inquiet*, *replet*, *secret* ; *complete*, *couverte*, *&c.* *Muet*, *net* & *sot*, font *muette*, *nette*, *sotte*.

Leſ adjectifs qui finissent en *x* changent ce *x* en *ſe* : *courageux*, *peureux*, *jaloux* ; *courageuſe*, *peureuſe*, *jalouſe*. *Vieux* fait *vieille* ; *doux* fait douce ; *faux*, *roux*, font *fausse*, *rousse* ; le vieux mot *perplex* fait *perplexe*, & *préfix* fait *préfixe*.

Du Nombre des Noms substantifſ & deſ adjectifs.

Les noms substantifſ ou adjectifs, qui au singulier finissent par *s*, *x* ou *z*, ne changent point au plurier : *le bois*, *la vis ; les bois*, *les vis ; le jaloux*, *la noix ; les jaloux*, *les noix ; le nez*, *les nez.*

Ceux qui finissent au singulier par une deſ autres consonneſ, excepté *l*, ou par une voyèle, prennent un *s* pour former leur plurier : *l'arbre sec*, *leſ arbres secs ; le choc*, *les chocs ; notre ame est immortelle*, *noſ ames sont immortelles ; le nerf*, *les nerfs ; la chanson*, *les chansons ; le vin*, *les vins ; le syrop*, *les syrops ; le coq*, *les coqs ; le déſir*, *les déſirs ; la couleur*, *les couleurs ; l'esprit*, *leſ esprits ; la santé*, *les santés ; la chaussée*, *les chaussées ; l'être créé*, *leſ êtres créés ; la nature créée*, *les natures créées. La Loi* fait *les Loix*, ou *les Lois ; tout* fait *touſ* ou *touts ;* & *gent* fait *genſ* ou *gents.*

Les nomſ en *au*, *eu* & *ou*, prennent un *x* au plurier : *un beau château*, *de beaux châteaux ; le feu*, *les feux ; le lieu*, *les lieux ; le vœu*, *les vœux ; le caillou*, *les cailloux ; le fou*, *les foux ; le genou*, *les genoux.* Exceptez *bleu*, *clou*, *matou*, *sou*, *trou*, qui prennent un *s* : *bleus*, *clous*, *matous*, *sous*, *trous.*

Les nomſ en *al* changent *l* en *ux : l'Amiral*, *leſ Amiraux ; brutal*, *brutaux ; le cheval*, *les chevaux ; le canal*, *les canaux ; égal*, *égaux ; le mal*, *les maux ; le Maréchal*, *les Maréchaux ; moral*, *moraux ; littéral*, *littéraux ; le Sénéchal*, *les Sénéchaux ; trivial*, *triviaux ; le Vassal*, *les Vassaux.* Exceptez *bal*, *cal*, *carnaval*, *local*, *pal*, cierge *pascal*, *régal*, qui prennent simplement un *s* au plurier : *bals*, *cals*, *carnavals*, *locals*, *pals*, cierges *pascals*, *régals*; & les suivants, qui n'ont point de plurier masculin : *austral*, *boréal*, *conjugal*, *fatal*, *filial*, *frugal*, *naval*, *pastoral*, *vénal*.

Quant aux nomſ en *ail*, les suivants changent *il* en *ux* pour le plurier : *ail*, *bail*, *corail*, *émail*, *soupirail*, *travail*; *aulx* ou *aux*, *baux*, *coraux*, *émaux*, *soupiraux*, *travaux*. *Le bétail* fait *les bestiaux*; & *bercail* est sans plurier.

Ceux-ci, *attirail*, *camail*, *détail*, *épouvantail*, *éventail*, *gouvernail*, *mail*, *portail*, *poitrail*, *Serrail*, prennent simplement un *s* pour former leur plurier : *attirails*, *camails*, *détails*, *épouvantails*, *éventails*, *gouvernails*, *mails*, *poitrails*, *portails*, *Serrails*.

Sel fail *selſ*; & *universel* fait *universels*; maiſ en terme de Philoſophie, & pour des Lètres circulaires des Rois de Pologne, on dit *leſ Universaux*. *Ciel* fait *cieux*; maiſ on dit *des ciels de lit*, *les ciels d'un tableau*, *d'une carrière*.

Aïeul, *œuil* ou *œil*, & *pénitentiel* vieux mot, ſont au plurier *aïeux*, *yeux* ou *ieux*, & *Pseaumes pénitentiaux*. On dit aussi *deſ œuils* ou *œils de bœuf*, pour des fenêtres de cette figure.

Notez, 1°. que le Dictionnaire ne préſente par ordre alphabétique, ni les pluriers ni les féminins deſ adjectifs, mais seulement le masculin & le singulier d'où le féminin se forme, avec sa terminaiſon de suite; & le plurier est souſentendu, selon les regles que nous venons de voir.

Notez, 2°. qu'il y a des noms sans plurier, comme *la foi*, *la charité*, *l'or*, *l'argent*, *le lever*, *le coucher*, *le réveil*, *le vrai*, *l'utile*, *l'honête*, *le superflu*, *la faim*, *la soif*, *la gloire*, *&c.* & d'autres sans singulier, comme *leſ ancêtres*, *leſ armoiries*, *leſ accordailles*, *leſ épouſailles*, *des ciſeaux*, *des ciſailles*, *les mœurs*, *les pleurs*, *Matines*, *Laudes*, *Vêpres*, *Complies*, *les Calendes*, *les Nones*, *les Ides.* On dit cependant *des charités*, pour des aumônes, & *des gloires* peintes ou gravées.

Notez, 3°. qu'il y a des noms composés d'un substantif & d'un adjectif, lesquels prennent tous deux la marque du plurier : *un avant-coureur*, *un entresol*, *un abat-vent*, *un garde-fou* ; *des avant-coureurs*, *des entresols*, *des abat-vents*, *des garde-foux.* D'autres sont composés de deux noms joints ensemble par une préposition, desquels le premier seulement prend la marque du plurier : *un arc-en-ciel*, *un chef-d'œuvre*, *un coq-à-l'âne*, *un cul-de-sac* ; *des arcs-en-ciel*, *des chefs-d'œuvre*, *des coqs-à-l'âne*, *des culs-de-sac.*

Notez enfin, 4°. que certains mots *Hébreux* ou Latins que la langue Françoise a adoptés, ne reçoivent pas la marque du plurier, comme des *Alleluia*, des *Pater*, des *Avé*, des *Miséréré*, des *alinéa*, des *aparté*, des *Factum*, des *numéro*, des *quiproquo*, *&c.*

Différentes sortes de Noms.

Nous ne metrons pas ici toutes les espèces qu'il y a de noms, parcequ'elles ne sont pas nécessaires pour bien aprendre la langue, & que le Dictionnaire doit les contenir; mais après la division la plus générale que nous en avons vue en substantifs & en adjectifs, nous allons dire un mot des autres qu'il faut connoître.

Les noms substantifs sont, ou propres, ou appellatifs. Le nom propre est celui qui convient à un ou à plusieurs individus d'une même espèce, comme *Pierre*, *Paris*, *France.* Le premier convient à plusieurs individus de l'espèce humaine ; le second, à une seule ville parmi toutes les autres ; le troisième, à un seul entre tous les Royaumes.

Le nom appellatif est commun à tous les individus d'une espèce, comme *Homme*, *Ville*, *Royaume*. Le premier se dit de toute l'espèce humaine, & de chacun de ses individus ; le second, de toutes les sociétés où il y a Gouvernement & Magistrature ; le troisième, de tout Etat sujet à un Roi.

Les substantifs qui, au singulier, signifient une collection de plusieurs objets, se nomment *collectifs*, ou *absolus*, ou *partitifs*. Les collectifs absolus signifient une totalité, comme *Nation*, *Peuple*, *Conseil*, *Cour* ; ainsi que *Ville*, *Royaume*, *Paris*, *France*, pris pour les habitants. Les collectifs partitifs signifient une partie, comme *la moitié*, *le tiers*, *le quart*, *la plupart*, *nombre*, *quantité*.

Les substantifs qui énoncent des objets réellement existants, comme *Ciel*, *Terre*, *ame*, *corps*, s'appellent *physiques*. Ceux qui désignent des objets qui ne sont que dans l'entendement, s'appellent *métaphysiques*, comme *blancheur*, *dureté*, *étendue*, qui n'existent que dans les choses blanches, dures & étendues ; mais l'entendement les en sépare, & les fait subsister dans ses pensées & dans le discours.

Les noms dérivés des verbes s'appellent *verbaux*, comme *naissance*, *connoissance*, *amour*, *crainte*, des verbes *naître*, *connoître*, *aimer*, *craindre*.

Les adjectifs verbaux s'appellent *participes*, parcequ'ils sont participants de la nature du nom, ayant un singulier & un plurier, & de celle du verbe, par leur signification, comme *eu*, *eue*, *eus*, *eues* ; *été* indéclinable ; *aimé*, *aimée*, *aimés*, *aimées* ; *senti*, *sentie*, *sentis*, *senties* ; *reçu*, *reçue*, *reçus*, *reçues* ; *rendu*, *rendue*, *rendus*, *rendues*; des verbeſ *avoir*, *être*, *aimer*, *sentir*, *recevoir*, *rendre*.

Leſ adjectifs qui signifient uniment les qualités deſ objets, s'appellent *poſitifs*, comme *grand*, *petit*, *savant*, *ignorant*. Ceux qui expriment une comparaiſon d'égalité, d'excèſ ou de défaut, se nomment *comparatifs*; comme, *celui qui se conduit bien & agit en honête homme, est aussi estimable que celui qui brille par la science & par les talents.* Le poſitif *estimable* devient comparatif d'égalité par l'adverbe *aussi*, qui le précede: *Celui qui veut s'élever au-dessus deſ autres, par la violence ou par leſ intrigues, n'est pas si grand que celui qui aime tout le monde & qui est content de son état.* Le poſitif *grand* est comparatif de défaut par l'adverbe négatif, qui détruit l'égalité. *Le Sage, qui modère ses passions, est meilleur que le Fort qui prend les villes d'assaut.* L'adjectif *meilleur* est un comparatif d'excès, de même que *supérieur*; *inférieur*, *moindre* & *pire*, sont des comparatifs de défaut, sanſ avoir beſoin d'aucun adverbe: *Je ne connois rien de pire, que l'infidélité à l'égard de Dieu, l'ingratitude envers ses parentſ & ses maîtreſ, & la révolte contre son Prince.* Leſ autreſ adjectifs poſitifs deviennent comparatifs d'excès, par l'adverbe *pluſ*, & de défaut par l'adverbe *moins*: *L'avare, qui ne cherche qu'à accumuler, est plus pauvre que celui qui uſe avec œconomie du peu qu'il possede. L'hypocriſie, quoique criminelle, odieuſe & détestable, est beaucoup moins nuiſible que le scandale.*

Remarquez qu'on dit bien *plus mauvais*, mais non pas *plus bon*; & que lorsqu'on dit *cela n'est plus bon à rien*, l'adverbe *plus* se rapporte au verbe *est*, & non à l'adjectif *bon*, & il n'y a point de comparaiſon. On dit bien *moins bon*, comme l'on dit *moins mauvais*.

Si la comparaiſon se fait entre un ou pluſieurſ, & tous leſ autres, le nom qui l'énonce s'appelle *superlatif*, c'est-à-dire, qui surpasse tous. *La plus grande de toutes les vertus, c'est la charité. Les moinſ heureux de tous leſ hommes, sont ceux qui cherchent la félicité où elle n'est pas. Celui-là est le plus ignorant de tous, qui ne se connoît pas lui-même.*

Leſ adjectifs qui sont précédés deſ adverbes *très* ou *fort*, s'appellent *superlatifs*, maiſ improprement, quoiqu'on y ajoute le correctif *absolus*. Cette dénomination leur est venue de ce qu'en Latin ils se terminent de même que les véritables superlatifs nommés *relatifs*, parcequ'ils le sont relativement à tous leſ individus de leur espèce : *altissimus mons*, *altissimus omnium montium*. Le premier est simplement *exagératif*, car il veut dire *une montagne très haute* ou *fort haute* ; ce qui ne signifie aucun excès, maiſ une simple exagération, car il peut y avoir d'autres montagneſ aussi hautes ou même plus hautes que celle dont on parle. Le second est superlatif, parcequ'il signifie *la plus haute de toutes les montagnes. L'Olympe, le Pic de Ténérife, sont les plus hautes de toutes les montagnes.*

La Langue Françoiſe a fort peu de *diminutifſ* & d'*augmentatifs*, savoir, de noms qui diminuent ou qui augmentent la signification des noms substantifs poſitifs. On dit *un arbrisseau*, *un aiglon*, *un cailleteau*, *un perdreau*, *un lapereau*, *un lionceau*, *un louveteau*, *un ourseau*, *un caneton*, *un oiſon*, *&c.* pour signifier un petit arbre, le petit d'un aigle, une jeune caille, une jeune perdrix, un petit lapin, le petit d'un lion, d'un loup, d'un ours, d'une cane, d'une oie. *Livret* est un petit livre pour aprendre le chifre, & celui qui sert aux Batteurs d'or. *Jardinet*, pour petit jardin, est bas. *Fanchon*,

Javote, *Jédon*, *Louison*, *Manon*, se disent populairement pour *François* & *Françoise*, *Geneviève*, *Judith*, *Louis* & *Louise*, *Marie*; *Lolot* ou *Charlot*, *Lolote*, pour *Charles*, *Charlote*. Une femme *homasse* est celle qui a l'air, la taille, la voix, les manières d'un *homme*. Un *savantasse* est un faux savant.

Des Noms numéraux.

Les noms numéraux, ou de nombre, sont de quatre sortes; savoir, *cardinaux*, *ordinaux*, *distributifs* & *collectifs*. Les cardinaux, primitifs ou radicaux, sont ceux d'où les autres se forment. *Un*, *une*, 1, I; *deux*, 2, II; *trois*, 3, III; *quatre*, 4, IV; *cinq*, 5, V; *six*, 6, VI; *sept*, 7, VII; *huit*, 8, VIII; *neuf*, 9, IX; *dix*, 10, X; *onze*, 11, XI; *douze*, 12, XII; *treize*, 13, XIII; *quatorze*, 14, XIV; *quinze*, 15, XV; *seize*, 16, XVI; *dix-sept*, 17, XVII; *dix-huit*, 18, XVIII; *dix-neuf*, 19, XIX; *vingt*, 20, XX; *vingt & un*, *une*, 21, XXI; *vingt-deux*, 22, XXII; *vingt-trois*, 23, XXIII; *vingt-quatre*, 24, XXIV; *vingt-cinq*, 25, XXV; *vingt-six*, 26, XXVI; *vingt-sept*, 27, XXVII; *vingt-huit*, 28, XXVIII; *vingt-neuf*, 29, XXIX; *trente*, 30, XXX, &c. *quarante*, 40, XL, &c. *cinquante*, 50, L, &c. *soixante*, 60, LX, &c. *soixante-dix*, 70, LXX, *soixante-onze*, 71, LXXI, &c. *quatre-vingts*, 80, LXXX; *quatre-vingt-dix*, 90, XC; *quatre-vingt-onze*, 91, &c. XCI, &c. *cent*, 100, C, &c. *cent cinquante*, 150, CL; *deux cents*, 200, CC; *trois cents*, 300, CCC; *mille*, 1000, M; *dix mille*, 10000, XM; *cent mille*, 100000, CM. La date des années: *mil sept cent soixante douze*, 1772, MDCCLXXII.

Les nomſ ordinaux, ou d'ordre, se forment des cardinaux, en ôtant l'*e* final, en changeant le *f* de *neuf* en *v*, & en ajoutant *u* à *cinq*, & *ième* à tous leſ autres : *premier*, *première*; *second*, *seconde*, ou *deuxième*; *troiſième*, *quatrième*, *cinquième*, *sixième*, *septième*, *huitième*, *neuvième*, *dixième*, *onzième*, *douzième*, *treizième*, *quatorzième*, *quinzième*, *seizième*, *dix-septième*, *dix-huitième*, *dix-neuvième*, *vingtième*, *vingt-unième*, *vingt-deuxième*, &c. *trentième*, *quarantième*, *cinquantième*, *soixantième*, *soixante-dixième*, *quatre-vingtième*, *quatre-vingt-dixième*, *centième*, *millième*.

Les noms numéraux distributifs sont *un à un*, *deux à deux*, *trois à trois*, *quatre à quatre*, *cinq à cinq*, *six à six*, &c. *la moitié*, *le tiers*, *le quart*, *le cinquième* ou *le quint*, *le sixième*, *le dixième*, *la dixme*, *les décimes*, &c.

Les noms numéraux collectifs sont *une huitaine*, *une neuvaine*, *une dixaine*, *une douzaine*, *une quinzaine*, *une vingtaine*, *une trentaine*, *une quarantaine*, *une cinquantaine*, *une centaine* ou *un cent*, *un millier*, *un million*.

Des Pronoms.

IL y a encore six espèces de noms, qu'on appelle *Pronoms*, parcequ'ils tiennent la place deſ autres noms. Ce sont *les personnels*, *les possessifs*, *les relatifs*, *les démonstratifs*, *les Pronoms de qualité*, & ceux *de quantité*.

Des Pronoms personnels.

Les pronoms perſonnels signifient les personnes, savoir, *Je*, la première personne, ou celle qui parle; *Tu*, la seconde personne, ou celle à qui l'on parle; & *Il*, *Elle*, la troisième personne, ou celle de qui l'on parle. Ces trois pronoms varient au singulier & au plurier, c'est pourquoi il faut les décliner, mais avec des prépositions, puisqu'ils n'ont pas besoin d'article. Les deux premiers sont communs au masculin & au féminin. Le dernier est différent pour l'un & pour l'autre genre.

Déclinaison du premier Pronom personnel.

Singulier.

Je; Moi.	Me; Moi.
de Moi.	ô que Je suis...!
à Moi.	de Moi *ou* par Moi.

Plurier.

Nous.	
de Nous.	ô que Nous sommes...!
à Nous.	de Nous *ou* par Nous.

Déclinaison du second Pronom personnel.

Singulier.

Tu; Toi.	Te; Toi.
de Toi.	ô que Tu es..!
à Toi.	de Toi *ou* par Toi.

Plurier.

Vous.	O Vous!
de Vous.	ô que Vous êtes..!
à Vous.	de Vous *ou* par Vous.

Déclinaison du troisième Pronom personnel.

Singulier.

Il; Lui.	Elle.
de Lui.	d'Elle.

à Lui ; Lui.	à Elle ; Lui.
Le ; Lui.	La ; Elle.
ô qu'Il est.. !	ô qu'Elle est... !
de Lui *ou* par Lui.	d'Elle *ou* par Elle.

Plurier.

Ils ; Eux.	Elles.
d'Eux.	d'Elles.
à Eux ; Leur.	à Elles ; Leur.
Les ; Eux.	Les ; Elles.
ô qu'Ils sont...!	ô qu'Elles sont... !
d'uEx *ou* par Eux.	d'Ellesſ *ou* par Elles.

Les personnes qui auront apris ce troisième pronom, ne diront paſ *est-IL mariée cette femme? Que font les Religieuſes quand elles sont au chœur? ILS chantent, ILS prient, ILS méditent. Vouſ aimez bien les Demoiſelles* NN. *n'est-ce pas? ILſ ont des sentimentſ & du mérite, & me font mille ſ-amitiés quand je vais chez EUX; ILS sont tout à fait bonnes personnes :* ce qui écorche l'oreille.

Il y a encore un pronom de la troiſième personne, appellé *réfléchi*, parcequ'il signifie un retour sur la même personne qui fait une action ; & parcequ'il sert encore pour marquer une action que pluſieurs font tour à tour, l'un envers l'autre : on l'appelle aussi *réciproque.* Ce pronom est commun au masculin comme au féminin, rejette l'article, & se joint souvent avec le pronom de qualité *même*, de la manière suivante.

Singulier.

Se ; Soi-même.
de Soi ; de Soi-même.
à Soi ; à Soi-même.

Plurier.

Plurier.

Se; Eux-mêmes; Soi.	Se; Elles-mêmes; Soi.
d'Eux-mêmes.	d'Elles-mêmes.
à Eux-mêmes.	à Elles-mêmes.

Des Pronoms possessifs.

Les pronoms possessifs sont ainsi nommés, parcequ'ils signifient la possession. Les uns sont adjectifs, les autres substantifs : ces derniers admettent l'article, les autres le rejettent. Comme ils ne varient que du singulier au plurier, & du masculin au féminin, il suffira de les indiquer sans les décliner.

Singulier.

Mon, Ma.	Le Mien, la Mienne.
Ton, Ta.	le Tien, la Tienne.
Son, Sa.	le Sien, la Sienne.
Notre.	le Nôtre, la Nôtre.
Votre.	le Vôtre, la Vôtre.
Leur.	le Leur, la Leur.

Plurier.

Mes; les Miens.	Les Miennes.
Tes; les Tiens.	les Tiennes.
Ses; les Siens.	les Siennes.
Nos.	les Nôtres.
Vos.	les Vôtres.
Leurs.	les Leurs.

Remarquez la différence qu'il y a entre *leur* possessif, & *leur* personnel. Le possessif a les deux nombres, & reçoit la marque du plurier : *leur père, leur mère; leurs amis, leurs ancêtres; leur oncle, leurs oncles; leur homme, leur héros; leurs hommes, leurs héros.* Mais le personnel n'est que plurier, signifiant *à eux* ou *à elles*, sans avoir besoin de *s*. N'écrivez donc, ni ne prononcez jamais, *je leurs ai dit*, *nous leurs avons permis*, *vous leurs écrirez*, *&c.*

Des Pronoms relatifs.

Les pronoms relatifs sont ceux qui, par leur rapport particulier à ce de quoi l'on vient de parler, & qu'on appelle *l'antécédent*, nous le rappellent dans l'esprit. Les uns prennent l'article; savoir: *lequel*, *laquelle*; *lesquels*, *lesquelles.*

Les autres n'admettent que des prépositions, & sont communs à tous genres; savoir: *Qui*, singulier & plurier, avec les prépositions, ne se dit que de personnes: *de qui*, *à qui*, *par qui*, *&c.*

Que, singulier & plurier, se dit de ce qui reçoit l'action d'un verbe actif, comme *qui* de ce qui la fait, de ce qui la reçoit aussi, si le verbe est passif. *Ce qui*; *ce que*, sing. neutre ou indéterminé.

Quoi est pronom de qualité; mais avec les prépositions, il est aussi relatif: *de quoi*, *à quoi*, singulier & plurier.

Dont signifie, de qui, de quoi, duquel, de laquelle, desquels, desquelles. *Dont le*, *dont la*, *dont les.*

Ne dites pas: *Ce Monsieur que son fils est Ambassadeur à Constantinople*, *que sa mère va revenir*, *que ses domestiques ont été attaqués*, *& qu'il a bravement défendus*; mais *dont le fils*, *dont la mère*, *dont les domestiques.* Le pronom *dont*, suivi de l'article, est tout ensemble possessif & relatif.

Des Pronoms démonstratifs.

Les pronoms démonstratifs indiquent & démontrent tout ce de quoi l'on parle, & ne prennent point d'article. Ce sont:

Ce ; ceci ; celà, substantif neutre ou indéterminé, sans plurier.

Ce, &, avant une voyèle, *Cet*, adjectif masculin ; au féminin, *Cette ;* & au plurier commun, *Ces*.

Celui ; celui-ci ; celui-là, substantif masculin. *Celle ; celle-ci ; celle-là*, substantif féminin.

Ceux ; ceux-ci ; ceux-là, plurier masculin. *Celles ; celles-ci ; celles-là*, plurier féminin.

Les particules adverbiales *ci* & *là*, ajoutées aux pronoms démonstratifs, marquent, la première, proximité, & la seconde, éloignement, de l'objet duquel le pronom tient la place. Cependant si la particule *là* n'est pas en opposition avec la particule *ci*, elle signifie quelquefois proximité ; & une personne, en parlant de bagues, & montrant celle qui est à son doigt, dira fort bien : *celle-là m'a coûté mille écus*.

En & *y* sont aussi des particules pronominales démonstratives & relatives, de même que les pronoms personnels *le*, *la*, *les*. *Je m'en tirerai comme je pourrai*, savoir, de cette affaire, de cette entreprise. *Je n'y pense plus*, savoir, à cette chose. *Je le connois ; je la respecte ; je les estime ; je le sai ; je la copierai ; je les ferai graver.*

Gardez-vous bien de dire, en parlant de femmes, de toiles, de manchettes, en un mot, d'objets féminins, CEUX, CEUX-CI, CEUX-LA : dites, *celles*, *celles-ci*, *celles-là*.

Des Pronoms de Qualité.

Les pronoms de qualité sont *aucun ;* féminin, *aucune*, sans plurier. *Autre*, commun ; plur. *autres*.

D'autrui ; le bien d'autrui ; à autrui, savoir, à un autre, aux autres, hommes ou femmes.

Certain, aine, ains, aines. *Chaque.* *Chacun, une*, sans plurier.

Même, mêmes ; le même homme, les mêmes personnes, la même chose, mêmes inclinations.

Nul, aucun, personne : *nul, nulle, nuls, nulles*, de nulle valeur.

On, quelqu'un : *on me, on te, on se, on nous, on vous, on le, on la, on les, on lui, on leur, on en, on y. On y va ; on en achetera ; on y en voit ; on lui parlera ; on leur en donnera, &c.*

Personne, indéterminé, & sans plurier en ce sens, qui est exclusif : *personne n'est venu ; celà lui sied mieux qu'à personne ; je doute que personne fasse mieux ; personne l'auroit-il cru ? je ne connois personne.*

Que : qu'est-ce que c'est ? qu'est-ce que c'est que Dieu ? le second & le troisième *que* est préposition ; mais le premier est pronom, & signifie *quelle chose ; que faites-vous ? que sert-il de... ?* pour *à quoi, de quoi sert-il ?*

Quel, quelle, quels, quelles ; lequel, laquelle, lesquels, lesquelles ; je ne sai lequel choisir, à laquelle me déterminer ; lequel voudriez-vous ?

Quelconque, quelconques, commun. *Quel que soit, quelle que soit, quels que soient, quelles que soient. Quel qu'il soit, quelle qu'elle soit, quels qu'ils soient, quelles qu'elles soient.*

Qui, celui qui *ou* celui que, celle qui *ou* celle que. *Qui que ce soit*, personne. *Qui que vous soyez.*

Quiconque, tout homme qui *ou* que, toute femme qui *ou* que.

Quoi ? quoi donc ? de quoi se plaint-il ? à quoi s'aplique-t-il ? quoi que, quelque chose que ; *quoi que ce soit*, quelque chose que ce soit ; avec la négation, rien.

Tel, telle, tels, telles. Tout autre, toute autre ; tout différent, toute différente.

Des Pronoms de Quantité.

Les pronoms de quantité sont *assez*, *assez de*; *autant*, *autant de*; *autant que*; *autant de.... que....*

Beaucoup; *beaucoup de....* *bien du*, *bien de la*, *bien des....*

Combien; *combien de....* *davantage.*

Moins; *moins de....* *Néant*; *le néant.* *Rien*; *rien de....*

Pas un, *pas une.* *Peu*; *peu de....* *un peu*; *un peu de....* *tant soit peu*, *si peu que rien.*

Plus; *plus de....* *Point*; *point de......* *Plusieurs.*

Quelque, *quelques*; *quelque chose de bon*, *de mauvais*; & non pas *de bonne*, *de mauvaise.*

Quelqu'un, *quelqu'une*, *quelques-uns*, *quelques-unes.*

Que de.... la même chose que *combien de....*

Tant; *tant de....* *Trop*; *trop de...* *Tout*, *toute*, *tous*, *toutes*; *tous deux*, ou *tous les deux*; *toutes deux*, ou *toutes les deux*; *tous tant que nous sommes.*

Des Verbes.

LE verbe, comme nous avons vu, est la seconde partie du discours, variable, & servant à exprimer l'essence, l'existence, l'état, l'action des objets de la nature. La variation du verbe se fait suivant la personne, suivant le nombre & suivant le temps.

Il y a trois personnes; la première est celle qui parle, & s'énonce par *je*, au plurier *nous*; la seconde est celle à qui l'on parle, & s'exprime par *tu*, au plurier *vous ;* la troisieme est celle de qui l'on parle, & se désigne par *il*, au féminin *elle*, au plurier *ils*, au féminin *elles*, & par tout autre nom ou pronom, dont on peut affirmer ou nier quelque chose.

Le verbe a les mêmes nombres que le nom, savoir, le singulier & le plurier.

Il y a trois principales différences de temps que le verbe exprime : le présent, qui est ; le passé, qui n'est plus ; & le futur, qui n'est pas encore.

Le temps présent est de cinq sortes, savoir : présent *infinitif* & *indéterminé*, qui est commun à toute personne & à tout nombre, comme *parler, je l'entends parler, je les entends parler*, ce qui veut dire, *j'entends qu'il parle, qu'elle parle, qu'ils parlent, qu'elles parlent.*

Présent *gérondif* qui, outre l'indétermination du nombre & de la personne, a encore celà de particulier, qu'il tient le sens en suspens, & demande une suite pour l'accomplir, comme, *en parlant.* Ce sens est imparfait ; mais il sera achevé si l'on dit, par exemple, *en parlant on se fait connoître ;* ou bien le gérondif demande quelque chose qui le précede pour être compris, comme, *il fait des visites ; il joue, il mange, en parlant toujours.* Lorsque le gérondif est précédé de la préposition *en*, il marque l'action actuelle, la manière d'agir, de se comporter. Mais lorsqu'il n'est pas précédé de la même préposition *en*, il signifie l'état du sujet, la raison de faire une chose, comme, *l'homme, même étant seul, & n'ayant point de bien, peut toujours acquérir des richesses inestimables, & parvenir à la jouissance de la plus aimable société, hors de crainte de la perdre ; mais croyant pouvoir se satisfaire, & voulant triompher sans combatre, il s'abandonne à des passions qui l'entraînent au précipice.* Ces gérondifs signifient, *celui qui parle se fait connoître; lorsqu'il fait ses visites, lorsqu'il joue, lorsqu'il mange, il parle toujours; l'homme qui est même seul, & qui n'a point de bien, peut, &c. mais il croit pouvoir, &c. & veut triompher, &c.*

Les trois autres présents sont déterminés, & varient selon la personne & selon le nombre. L'un s'appelle présent *indicatif*, parcequ'il désigne & indique ce qui se fait actuellement, comme, *je parle, tu parles, il parle, nous parlons, vous parlez, ils parlent.*

L'autre s'appelle présent *impératif*, parcequ'il exprime l'empire ou commandement, quoiqu'il serve aussi pour exhorter, & même pour prier, comme, *parle, qu'il parle, parlons, parlez, qu'ils parlent.* Ce temps n'a point de première personne au singulier, parcequ'on n'adresse point ses ordres, non plus que ses conseils, ni ses prières, à soi même.

Le dernier présent se nomme *subjonctif* & *conjonctif*, parcequ'on le joint à quelque autre verbe qui le régit, & duquel il dépend; *on veut, on souhaite, &c. que je parle, que tu parles, qu'il parle, que nous parlions, que vous parliez, qu'ils parlent.* Lorsque ce temps emporte désir, surtout s'il est précédé de *Dieu veuille, plaise à Dieu*, il s'appelle *optatif.*

Le temps passé est, ou *imparfait*, ou *parfait.* L'imparfait est, ou indéterminé, ou déterminé. L'imparfait indéterminé est le même que le présent infinitif: *parler; je l'entendois, je l'ai entendu,* ou *entendue, je l'entendis, je l'avois entendu,* ou *entendue, parler;* c'est-à-dire, *qu'il,* ou *qu'elle parloit;* & *je les entendois, je les ai entendus,* ou *entendues, je les entendis, je les avois entendus,* ou *entendues,* savoir, *qu'ils,* ou *qu'elles parloient.*

L'imparfait indéterminé est encore le même que le présent gérondif, *en parlant ; il travailloit, il jouoit, il mangeoit, il est mort, il mourut, en parlant ; savoir, pendant qu'il travailloit, qu'il mangeoit, qu'il jouoit, lorsqu'il est mort, lorsqu'il mourut, il parloit.*

Le temps imparfait déterminé est, ou *indicatif*, ou *optatif* & *subjonctif*, ou *conditionnel*. Le premier exprime ce qui étoit présent en un temps qui n'est plus, comme, *je parlois, tu parlois, il parloit, nous parlions, vous parliez, ils parloient.*

L'imparfait optatif & subjonctif est régi d'un autre verbe duquel il dépend, comme, *plût à Dieu, s'il plaisoit à Dieu, il a plu à Dieu, il falloit, on vouloit, il faudroit, on voudroit, il a fallu, on a voulu, il fallut, on voulut, que je parlasse, que tu parlasses, qu'il parlât, que nous parlassions, que vous parlassiez, qu'ils parlassent.*

L'imparfait conditionnel, dit aussi futur conditionnel, présent conditionnel, & temps incertain, dépend d'une condition pour l'existence de ce qu'il signifie, comme, *je parlerois, tu parlerois, il parleroit, nous parlerions, vous parleriez, ils parleroient.*

Ces deux derniers temps ne sont déterminés que quant à la personne & au nombre ; mais ils ne disent rien de réel, comme fait l'imparfait indicatif.

Le temps passé parfait est, ou indéterminé, ou déterminé. L'indéterminé est, ou infinitif, ou gérondif, comme, *avoir parlé;* & *ayant parlé*, c'est-à-dire, *après qu'il a parlé, après qu'il eut parlé.*

Ces deux temps sont aussi plusqueparfaits ; car ils signifient encore, *après qu'il avoit parlé*, & *après qu'il auroit parlé*, *&c.*

Le temps parfait déterminé est, ou *proche* &

indéfini, ou *éloigné* & *défini*. Le passé proche & indéfini est, ou indicatif, ou subjonctif. L'indicatif exprime une chose faite en un temps qui dure encore, comme, *j'ai parlé*, *tu as parlé*, *il a parlé*, *nous avons parlé*, *vous avez parlé*, *ils ont parlé*. Le parfait subjonctif ou optatif ne signifie qu'une chose voulue, ordonnée, ou souhaitée, comme, *que j'aie parlé*, *que tu aies parlé*, *qu'il ait parlé*, *que nous ayons parlé*, *que vous ayez parlé*, *qu'ils aient parlé*.

Le parfait éloigné ou défini est, ou simple, ou composé. Le simple, dit aussi *aoriste*, énonce une chose faite en un temps qui n'est plus, comme, *je parlai*, *tu parlas*, *il parla*, *nous parlâmes*, *vous parlâtes*, *ils parlèrent*. Le temps parfait éloigné composé, ou antérieur, est celui qui signifie une chose faite avant une autre, comme, *quand*, *lorsque*, *après que*, *dès que j'eus parlé*, *tu eus parlé*, *il eut parlé*, *nous eûmes parlé*, *vous eûtes parlé*, *ils eurent parlé*.

Il y a encore un parfait composé qui s'appelle *plusqueparfait*, & qui est, ou indéterminé, ou déterminé. L'indéterminé est infinitif, ou gérondif, & le même que le parfait infinitif, & le parfait gérondif, qui sont expliqués ci-dessus.

Le plusqueparfait déterminé est, ou indicatif, ou optatif & subjonctif, ou conditionnel & incertain. Le plusqueparfait indicatif exprime ce qui étoit déja passé dans un temps qui n'est plus, comme, *j'avois parlé*, *tu avois parlé*, *il avoit parlé*, *nous avions parlé*, *vous aviez parlé*, *ils avoient parlé*.

Le plusqueparfait optatif & subjonctif énonce une chose ordonnée, désirée, relativement à un temps déja écoulé, comme, *que j'eusse parlé*, *que tu eusses parlé*, *qu'il eût parlé*, *que nous eussions parlé*, *que vous eussiez parlé*, *qu'ils eussent parlé*.

Le plusqueparfait conditionnel, ou incertain, signifie qu'une chose auroit été dans un temps passé, si quelque condition avoit eu lieu, comme, *j'aurois parlé*, *tu aurois parlé*, *il auroit parlé*, *nous aurions parlé*, *vous auriez parlé*, *ils auroient parlé*.

Le futur, ou temps à venir, est de deux sortes, savoir, *simple* ou *absolu*, & *composé*, *mêlé de passé*, ou *antérieur*. Le futur simple signifie ce qui sera présent dans un temps qui n'est pas encore, comme, *je parlerai*, *tu parleras*, *il parlera*, *nous parlerons*, *vous parlerez*, *ils parleront*. Ce temps est aussi impératif.

Le futur composé signifie ce qui sera passé dans un temps à venir, comme, *j'aurai parlé*, *tu auras parlé*, *il aura parlé*, *nous aurons parlé*, *vous aurez parlé*, *ils auront parlé*.

Il y a encore quelques temps surcomposés, mais d'un usage bien rare, savoir : un parfait indéfini antérieur : *j'ai eu bientôt fait*, *tu as eu bientôt achevé*, *il a eu bientôt fini* ; un plusqueparfait : *si nous avions eu plutôt conclu*, *nous serions déja partis*, *vous auriez eu déja fait* ; & un futur antérieur, *vous aurez eu bientôt fini*. Il ne vaut pas la peine de faire entrer ces temps dans notre conjugaison.

Comme la variation du nom s'appelle *déclinaison*, celle du verbe s'appelle *conjugaison*. Tous les verbes françois se réduisent à quatre classes distinguées par la terminaison de leur présent infinitif, qui est la source de toutes leurs variations ou inflexions par personnes & par nombres dans chaque temps, & qui seule se trouve par ordre alphabétique dans tous les Dictionnaires. La première classe est de ceux qui se terminent en *er*, comme *aimer* ; la seconde est de ceux qui finissent en *ir*, comme *sentir* ; la troisième est de ceux dont l'infinitif finit en *oir*, comme *recevoir* ; & la quatrième est de ceux qui finissent en *re*, comme *rendre*. La première classe contient plus de trois mille cinq cents verbes réguliers ; les trois autres classes en ont plus d'irréguliers que de réguliers. Un verbe est régulier, dont les inflexions ou variations se forment conformément au modèle de sa classe ; & qui en sait un, les sait tous, aussi-tôt qu'il en voit le présent infinitif. Le verbe qui s'écarte de ce modèle, & qui forme ses variations selon ceux des autres classes de conjugaison, ou qui emprunte des variations d'un autre verbe, s'appelle irrégulier. Celui qui manque de quelques temps, s'appelle défectif.

Nous conjuguerons donc quatre verbes réguliers, qui serviront de modèle chacun à sa classe. Mais, parceque tous les verbes ont des temps simples, & des temps composés des verbes *avoir*, ou *être*, & du participe de chaque verbe, quoique ces deux verbes *avoir* & *être*, appellés auxiliaires, parcequ'ils aident à la conjugaison des autres, soient irréguliers, l'un de la troisième, & l'autre de la quatrième classe, il faut les aprendre avant les autres, sans les regarder cependant comme des modèles de conjugaison. Les temps seront placés de manière que le composé suivra immédiatement le simple dont il se forme ; & au lieu des termes abstraits & métaphysiques de *modes*, d'*indicatif*, d'*infinitif*, d'*impératif*, d'*optatif* & de *subjonctif* ou *conjonctif*, sous lesquels on range les temps des verbes, nous ferons de ces termes autant d'adjectifs qui qualifient les temps, comme nous avons fait jusqu'ici, afin de rendre la conjugaison plus facile.

Conjugaiſon des Verbeſ auxiliaires.

Préſent & Imparfait infinitifs.

Avoir.	Être.

Participe.

Eu, eue, eus, eues.	Été.

Parfait & Plusqueparfait infinitifs.

Avoir eu.	Avoir été.

Préſent & Imparfait gérondifs.

Ayant.	Étant.

Parfait & Plusqueparfait gérondifs.

Ayant eu.	Ayant été.

Préſent indicatif.

Singulier.

J'ai.	Je suis.
Tu as.	Tu es.
Il *ou* el*l*e a.	Il *ou* el*l*e est.

Plurier.

Nouſ avons.	Nous sommes.
Vouſ avez.	Vouſ êtes.
Ilſ *ou* el*l*eſ ont.	Ilſ *ou* el*l*es sont.

Parfait proche, ou indéfini, indicatif.

Singulier.

J'ai eu.	J'ai été.
Tu aſ eu.	Tu aſ été.
Il *ou* el*l*e a eu.	Il *ou* el*l*e a été.

Plurier.

Nouſ avons eu.	Nouſ avonſ été.
Vouſ avez eu.	Vouſ avez été.
Ilſ *ou* el*l*eſ ont eu.	Ilſ *ou* el*l*eſ ont été.

Imparfait

Imparfait indicatif.

Singulier.

J'avois.
Tu avois.
Il *ou* elle avoit.

J'étois.
Tu étois.
Il *ou* elle étoit.

Plurier.

Nouſ avions.
Vouſ aviez.
Ilſ *ou* elleſ avoient.

Nouſ étions.
Vouſ étiez.
Ilſ *ou* elleſ étoient.

Plusqueparfait indicatif.

Singulier.

J'avoiſ eu.
Tu avoiſ eu.
Il *ou* elle avoit eu.

J'avoiſ été.
Tu avoiſ été.
Il *ou* elle avoit été.

Plurier.

Nouſ avionſ eu.
Vouſ aviez eu.
Ilſ *ou* elleſ avoient eu.

Nouſ avionſ été.
Vouſ aviez été.
Ilſ *ou* elleſ avoient étê.

Parfait éloigné, ou défini, simple, indicatif.

Singulier.

J'eus.
Tu eus.
Il *ou* elle eut.

Je fus.
Tu fus.
Il *ou* elle fut.

Plurier.

Nouſ eûmes.
Vouſ eûtes.
Ilſ *ou* elleſ eurent.

Nous fûmes.
Vous fûtes.
Ilſ *ou* elles furent.

Parfait éloigné, ou défini, composé, indicatif.

Singulier.

J'euſ eu.	J'euſ été.
Tu euſ eu.	Tu euſ été.
Il *ou* elle eut eu.	Il *ou* elle eut été.

Plurier.

Nouſ eûmeſ eu.	Nouſ eûmeſ été.
Vouſ eûteſ eu.	Vouſ eûteſ été.
Ilſ *ou* elleſ eurent eu.	Ilſ *ou* elleſ eurent été.

Présent impératif.

Singulier.

Aies.	Sois.
Qu'il *ou* elle ait.	Qu'il *ou* elle soit.

Plurier.

Ayons.	Soyons.
Ayez.	Soyez.
Qu'ilſ *ou* elleſ aient.	Qu'ilſ *ou* elles soient.

Présent optatif, & subjonctif ou conjonctif.

Singulier.

Que j'aie.	Que je sois.
Que tu aies.	Que tu sois.
Qu'il *ou* elle ait.	Qu'il *ou* elle soit.

Plurier.

Que nouſ ayons.	Que nous soyons.
Que vouſ ayez.	Que vous soyez.
Qu'ilſ *ou* elleſ aient.	Qu'ilſ *ou* elles soient.

Parfait optatif, & subjonctif ou conjonctif.

Singulier.

Que j'aie eu.
Que tu aieſ eu.
Qu'il *ou* el*l*e ait eu.

Que jaie été.
Que tu aieſ été.
Qu'il *ou* el*l*e ait été.

Plurier.

Que nouſ ayonſ eu.
Que vouſ ayez eu.
Qu'ilſ *ou* el*l*eſ aient eu.

Que nouſ ayons été.
Que vouſ ayez été.
Qu'ilſ *ou* elleſ aient été.

Imparfait optatif, & subjonctif ou conjonctif.

Singulier.

Que j'eusse.
Que tu eusses.
Qu'il *ou* el*l*e eût.

Que je fusse.
Que tu fusses.
Qu'il *ou* el*l*e fût.

Plurier.

Que nouſ eussions.
Que vouſ eussiez.
Qu'ilſ *ou* el*l*eſ eussent.

Que nous fussions.
Que vous fussiez.
Qu'ilſ *ou* el*l*es fussent.

Plusqueparfait optatif, & subjonctif ou conjonctif.

Singulier.

Que j'eusse eu.
Que tu eusseſ eu.
Qu'il *ou* el*l*e eût eu.

Que j'eusse été.
Que tu eusseſ été.
Qu'il *ou* el*l*e eût été.

Plurier.

Que nouſ eussionſ eu.
Que vouſ eussiez eu.
Qu'ilſ *ou* el*l*eſ eussent eu.

Que nouſ eussionſ été.
Que vouſ eussiez été.
Qu'ilſ *ou* el*l*eſ eussent été.

Imparfait conditionnel, ou Temps incertain.

Singulier.

J'aurois. Je serois.
Tu aurois. Tu serois.
Il *ou* elle auroit. Il *ou* elle seroit.

Plurier.

Nous aurions. Nous serions.
Vous auriez. Vous seriez.
Ils *ou* elles auroient. Ils *ou* elles seroient.

Plusqueparfait conditionnel, ou Temps incertain.

Singulier.

J'aurois eu. J'aurois été.
Tu aurois eu. Tu aurois été.
Il *ou* elle auroit eu. Il *ou* elle auroit été.

Plurier.

Nous aurions eu. Nous aurions été.
Vous auriez eu. Vous auriez été.
Ils *ou* elles auroient eu. Ils *ou* elles auroient été.

Futur simple, & Impératif.

Singulier.

J'aurai. Je serai.
Tu auras. Tu seras.
Il *ou* elle aura. Il *ou* elle sera.

Plurier.

Nous aurons. Nous serons.
Vous aurez. Vous serez.
Ils *ou* elles auront. Ils *ou* elles seront.

Futur composé, mêlé de passé, ou antérieur.

Singulier.

J'aurai eu.	J'aurai été.
Tu auraſ eu.	Tu auraſ été.
Il *ou* el*l*e aura eu.	Il *ou* el*l*e aura été.

Plurier.

Nouſ auronſ eu.	Nouſ auronſ été.
Vouſ aurez eu.	Vouſ aurez été.
Ilſ *ou* el*l*eſ auront eu.	Ilſ *ou* el*l*eſ auront été.

Dorénavant nous ne mètrons plus que la première perso*n*ne des tem*p*s compoſés, parceque l'on sup*p*oſe qu'on aura bien apris les verbeſ auxiliaires com*m*e on doit, & qu'on saura bien conjuguer ces tem*p*s tout du long.

Conjugaiſon de quatre Verbes réguliers, pour servir de modèle chacun à sa classe.

Préſent & Imparfait infinitifs.

Aimer.	Recevoir.
Sentir.	Rendre.

Participe.

Aimé, ée, és, ées.	Reçu, ue, us, ues.
Senti, ie, is, ies.	Rendu, ue, us, ues.

Parfait & Plusqueparfait infinitifs.

Avoir aimé.	Avoir reçu.
Avoir senti.	Avoir rendu.

Préſent & Imparfait gérondifs.

Aimant *ou* en aimant.	Recevant.
Sentant.	Rendant.

Parfait & Plusqueparfait gérondifs.

Ayant aimé. Ayant reçu.
Ayant senti. Ayant rendu.

Présent indicatif.

Singulier.

J'aime.	Je reçois.
Tu aimes.	Tu reçois.
Il *ou* elle aime.	Il *ou* elle reçoit.
Je sents.	Je rends.
Tu sents.	Tu rends.
Il *ou* elle sent.	Il *ou* elle rend.

Plurier.

Nouſ aimons.	Nous recevons.
Vouſ aimez.	Vous recevez.
Ilſ *ou* elleſ aiment.	Ilſ *ou* elles reçoivent.
Nous sentons.	Nous rendons.
Vous sentez.	Vous rendez.
Ilſ *ou* elles sentent.	Ilſ *ou* elles rendent.

Parfait proche, ou indéfini, indicatif.

J'ai aimé, &c.	J'ai reçu, &c.
J'ai senti, &c.	J'ai rendu, &c.

Imparfait indicatif.

Singulier.

J'aimois.	Je recevois.
Tu aimois.	Tu recevois.
Il *ou* elle aimoit.	Il *ou* elle recevoit.
Je sentois.	Je rendois.
Tu sentois.	Tu rendois.
Il *ou* elle sentoit.	Il *ou* elle rendoit.

Plurier.

Nous aimions.	Nous recevions.
Vous aimiez.	Vous receviez.
Ils *ou* elles aimoient.	Ils *ou* elles recevoient.
Nous sentions.	Nous rendions.
Vous sentiez.	Vous rendiez.
Ils *ou* elles sentoient.	Ils *ou* elles rendoient.

Plusqueparfait indicatif.

J'avois aimé, &c.	J'avois reçu, &c.
J'avois senti, &c.	J'avois rendu, &c.

Parfait éloigné, ou défini, simple, indicatif.

Singulier.

J'aimai.	Je reçus.
Tu aimas.	Tu reçus.
Il *ou* elle aima.	Il *ou* elle reçut.
Je sentis.	Je rendis.
Tu sentis.	Tu rendis.
Il *ou* elle sentit.	Il *ou* elle rendit.

Plurier.

Nous aimâmes.	Nous reçûmes.
Vous aimâtes.	Vous reçûtes.
Ils *ou* elles aimèrent.	Ils *ou* elles reçurent.
Nous sentîmes.	Nous rendîmes.
Vous sentîtes.	Vous rendîtes.
Ils *ou* elles sentirent.	Ils *ou* elles rendirent.

Parfait éloigné, ou défini, composé, ou antérieur, indicatif.

J'eus aimé, &c.	J'eus reçu, &c.
J'eus senti, &c.	J'eus rendu, &c.

Présent impératif.

Singulier.

Aimes.
Qu'il *ou* el*le* aime.

Sents.
Qu'il *ou* el*le* sente.

Reçois.
Qu'il *ou* el*le* reçoive.

Rends.
Qu'il *ou* el*le* rende.

Plurier.

Aimons.
Aimez.
Qu'ils *ou* el*les* aiment.

Sentons.
Sentez.
Qu'ils *ou* el*les* sentent.

Recevons.
Recevez.
Qu'ils *ou* el*les* reçoivent.

Rendons.
Rendez.
Qu'ils *ou* el*les* rendent.

Présent optatif, & subjonctif ou conjonctif.

Singulier.

Que j'aime.
Que tu aimes.
Qu'il *ou* el*le* aime.

Que je sente.
Que tu sentes.
Qu'il *ou* el*le* sente.

Que je reçoive.
Que tu reçoives.
Qu'il *ou* el*le* reçoive.

Que je rende.
Que tu rendes.
Qu'il *ou* el*le* rende.

Plurier.

Que nous aimions.
Que vous aimiez.
Qu'ils *ou* el*les* aiment.

Que nous sentions.
Que vous sentiez.
Qu'ils *ou* el*les* sentent.

Que nous recevions.
Que vous receviez.
Qu'ils *ou* el*les* reçoivent.

Que nous rendions.
Que vous rendiez.
Qu'ils *ou* el*les* rendent.

Parfait optatif, & subjonctif ou conjonctif.

Que j'aie aimé, &c.
Que j'aie senti, &c.

Que j'aie reçu, &c.
Que j'aie rendu, &c.

Imparfait optatif, & subjonctif ou conjonctif.

Singulier.

Que j'aimasse.
Que tu aimasses.
Qu'il *ou* elle aimât.

Que je sentisse.
Que tu sentisses.
Qu'il *ou* elle sentît.

Que je reçusse.
Que tu reçusses.
Qu'il *ou* elle reçût.

Que je rendisse.
Que tu rendisses.
Qu'il *ou* elle rendît.

Plurier.

Que nous aimassions.
Que vous aimassiez.
Qu'ils *ou* elles aimassent.

Que nous sentissions.
Que vous sentissiez.
Qu'ils *ou* elles sentissent.

Que nous reçussions.
Que vous reçussiez.
Qu'ils *ou* elles reçussent.

Que nous rendissions.
Que vous rendissiez.
Qu'ils *ou* elles rendissent.

Plusqueparfait optatif, & subjonctif ou conjonctif.

Que j'eusse aimé, &c.
Que j'eusse senti, &c.

Que j'eusse reçu, &c.
Que j'eusse rendu, &c.

Imparfait conditionnel, ou Temps incertain.

Singulier.

J'aimerois.
Tu aimerois.
Il *ou* elle aimeroit.

Je sentirois.
Tu sentirois.
Il *ou* elle sentiroit.

Je recevrois.
Tu recevrois.
Il *ou* elle recevroit.

Je rendrois.
Tu rendrois.
Il *ou* elle rendroit.

Plurier.

Nouſ aimerions.
Vouſ aimeriez.
Ilſ *ou* el*l*eſ aimeroient.

Nous recevrions.
Vous recevriez.
Ilſ *ou* el*l*es recevroient.

Nous sentirions.
Vous sentiriez.
Ilſ *ou* el*l*es sentiroient.

Nous rendrions.
Vous rendriez.
Ilſ *ou* el*l*es rendroient.

Plusqueparſait conditionnel, ou Tempſ incertain.

J'auroiſ aimé, &c.
J'aurois senti, &c.

J'aurois reçu, &c.
J'aurois rendu, &c.

Futur simple, & Impératif.

Singulier.

J'aimerai.
Tu aimeras.
Il *ou* el*l*e aimera.

Je recevrai.
Tu recevras.
Il *ou* el*l*e recevra.

Je sentirai.
Tu sentiras.
Il *ou* el*l*e sentira.

Je rendrai.
Tu rendras.
Il *ou* el*l*e rendra.

Plurier.

Nouſ aimerons.
Vouſ aimerez.
Ilſ *ou* el*l*eſ aimeront.

Nous recevrons.
Vous recevrez.
Ilſ *ou* el*l*es recevront.

Nous sentirons.
Vous sentirez.
Ilſ *ou* el*l*es sentiront.

Nous rendrons.
Vous rendrez.
Ilſ *ou* el*l*es rendront.

Futur composé, mêlé de passé, ou antérieur.

J'aurai aimé, &c.
J'aurai senti, &c.

J'aurai reçu, &c.
J'aurai rendu, &c.

Avertissement sur les Conjugaisons des Verbes réguliers.

S'il se trouve quelqu'un qui ait de la peine à conjuguer sur ces quatre modèles, qu'il observe que tous les verbes ont des temps simples & des temps composés; les premiers consistent en un seul mot; les seconds se forment de l'un des auxiliaires & du participe. Il faut traiter des uns & des autres.

Les variations des temps simples ne se font qu'à la fin de chaque mot, le commencement est toujours le même dans chaque verbe régulier; & dans tous les verbes réguliers de chaque classe, on trouve les mêmes variations à chaque personne, le commencement étant différent dans chaque verbe. Lors donc que l'on veut former les variations ou inflexions simples d'un verbe régulier, il faut commencer par ôter du présent infinitif la dernière syllabe; & dans la troisième classe, les deux dernières syllabes, où consiste la différence de chaque classe de conjugaison, savoir, *er*, *ir*, *evoir*, *re*, & ensuite substituer à la place de ces syllabes retranchées, celles qu'on va voir dans la table suivante, après chacun des chifres, 1, 2, 3, 4, qui marquent la classe ou conjugaison des verbes. Par-là on formera le participe, les présents, les imparfaits, le parfait simple, & le futur simple. Soit pour exemple de la première classe, *chanter*; de la seconde, *consentir*; de la troisième, *concevoir*; de la quatrième, *vendre*: en ôtant *er*, *ir*, *evoir*, *re*, il reste, *chant*, *consent*, *conc*, *vend*, qu'il faut retenir, & ajouter les syllabes ou les lètres qui suivent, excepté la troisième personne du présent indicatif singulier de la seconde & de la quatrième classe, laquelle se trouve formée par le seul retranchement des syllabes finales *ir* & *re* de leur infinitif, sans rien ajouter ; & outre celà, il faut mètre la cédille au *c* avant *a*, *o* & *u*, ainsi, *ça*, *ço*, *çu*.

Table de Conjugaison pour les Temps simples des Verbes réguliers.

	Participe.		*Présent & Imparfait gérondifs.*
1	é.	1	ant.
2	i.	2	ant.
3 }	u.	3	evant.
4 }		4	ant.

Présent indicatif.

Singulier.

1	e.	es.	e.
2	s.	s.	
3	ois.	ois.	oit.
4	s.	s.	

Plurier.

1	ons.	ez.	ent.
2	ons.	ez.	ent.
3	evons.	evez.	oivent.
4	ons.	ez.	ent.

Imparfait indicatif.

Singulier.

1	ois.	ois.	oit.
2	ois.	ois.	oit.
3	evois.	evois.	evoit.
4	ois.	ois.	oit.

Plurier.

1	ions.	iez.	oient.
2	ions.	iez.	oient.
3	evions.	eviez.	evoient.
4	ions.	iez.	oient.

Parfait

Parfait simple, éloigné, ou Aoriste.

Singulier.

1	ai.	as.	a.
2	is.	is.	it.
3	us.	us.	ut
4	is.	is.	it.

Plurier.

1	âmes.	âtes.	èrent.
2	îmes.	îtes.	irent.
3	ûmes.	ûtes.	urent.
4	îmes.	îtes.	irent.

Présent impératif.

Singulier.

1		es.	e.
2		s.	e.
3		ois.	oive.
4		s.	e.

Plurier.

1	ons.	ez.	ent.
2	ons.	ez.	ent.
3	evons.	evez.	oivent.
4	ons.	ez.	ent.

Présent optatif, & subjonctif ou conjonctif.

Singulier.

1	e.	es.	e.
2	e.	es.	e.
3	oive.	oives.	oive.
4	e.	es.	e.

Plurier.

1	ions.	iez.	ent.
2	ions.	iez.	ent.
3	evions.	eviez.	oivent.
4	ions.	iez.	ent.

Imparfait optatif, & subjonctif ou conjonctif.

Singulier.

1	asse.	asses.	ât.
2	isse.	isses.	ît.
3	usse.	usses.	ût.
4	isse.	isses.	ît.

Plurier.

1	assions.	assiez.	assent.
2	issions.	issiez.	issent.
3	ussions.	ussiez.	ussent.
4	issions.	issiez.	issent.

Imparfait conditionnel, ou Temps incertain.

Singulier.

1	erois.	erois.	eroit.
2	irois.	irois.	iroit.
3	evrois.	evrois.	evroit.
4	rois.	rois.	roit.

Plurier.

1	erions.	eriez.	eroient.
2	irions.	iriez.	iroient.
3	evrions.	evriez.	evroient.
4	rions.	riez.	roient.

Futur simple, & Impératif.

Singulier.

1	erai.	eras.	era.
2	irai.	iras.	ira.
3	evrai.	evras.	evra.
4	rai.	ras.	ra.

Plurier.

1	erons.	erez.	eront.
2	irons.	irez.	iront.
3	evrons.	evrez.	evront.
4	rons.	rez.	ront.

Cette manière de faire venir toutes les inflexions du verbe de son présent infinitif, comme les branches de l'arbre viennent d'un seul tronc, paroît plus simple & plus facile, que la commune qui les tire de cinq sources différentes, dont l'investigation est fatigante, même à l'égard des personnes qui ont fait leurs études.

A l'égard des temps composés des verbes, il faut savoir lequel des deux verbes auxiliaires, *être* ou *avoir*, forme ces temps avec le participe de chaque verbe; & si ce participe doit varier & s'accorder en genre & nombre avec l'objet qui reçoit l'action, ou s'il doit demeurer fixe & indéclinable. Pour parvenir à celà, il est nécessaire de connoître les différentes especes qu'il y a de verbes, non par rapport à la terminaison de leur présent infinitif, laquelle distingue les quatre classes de conjugaisons, mais relativement à leur signification.

Verbes actifs, passifs, neutres.

Les verbes qui signifient une action faite par le sujet ou agent, s'appellent actifs; comme,

Dieu a créé & conserve le monde ; Dieu protege l'Eglise ; Pierre aime Dieu.

Les verbes qui expriment une action reçue par l'objet ou patient, qui devient le sujet du discours, & cette action passion, s'appellent passifs ; comme, *le Monde a été créé, & est conservé ; l'Eglise est protégée de Dieu ; Dieu est aimé de Pierre.*

Les verbes qui n'énoncent aucune action faite, ni reçue, mais simplement l'essence, l'existence, ou l'état du sujet, ne sont ni actifs, ni passifs, mais neutres ; comme, *Dieu est de toute éternité, immense, tout-puissant, sage, juste, bon, &c. le Monde n'existe que depuis cinq mil sept cent quatre-vingt-seize ans ; cet homme excelle en science, en vertu ; il tremble, il se meurt.*

L'action d'un verbe actif a, ou peut avoir, deux objets ; l'un immédiat, comme dans les exemples ci dessus, *le Monde*, à l'égard de la création & de la conservation ; l'*Eglise*, à l'égard de la protection de Dieu, qui est le sujet & l'auteur de ces actions ; & *Dieu* à l'égard de l'amour de Pierre, qui est aussi l'agent. L'autre objet est médiat, comme, *cet homme parle de tout, parle à tous, ne médit de personne, ne nuit à personne :* dans ces exemples, *de tout, à tous, de personne, à personne*, sont des objets médiats, qui se ressentent des objets immédiats des actions de ces verbes, lesquels sont les paroles & le mal ; car c'est comme si l'on disoit, *cet homme dit des paroles, ou fait des discours de tout, sur tout, à tous ; ne dit mal de personne, ne fait mal à personne.* Les deux objets, médiat & immédiat, paroîtront plus clairement dans ces exemples : *Dieu donne sa grace à tout le monde, & fait de plus grandes graces à ceux qui profitent des premières. Le Roi a donné à ses soldats une récompense proportionnée à leur mérite.* L'objet immédiat de l'action s'appelle *régime simple*, & le médiat, *régime composé*, parcequ'ils sont régis par le verbe, l'un avec le simple article, ou sans article, & l'autre avec une préposition, ou avec l'article précédé d'une préposition. Le verbe n'en seroit pas moins actif, quand même on n'exprimeroit aucun objet, *Dieu a créé, conserve, protege; Pierre aime; cet homme parle, ne médit point, ne nuit point.*

On regardoit ci-devant comme verbes neutres ceux qui n'avoient pas à leur suite l'objet immédiat de l'action, ou en régime simple. Ainsi, *aller, venir, entrer, sortir, partir, retourner, revenir, monter, descendre, roder, rouler, grimper, danser, passer, courir, sauter*, & tous les verbes de mouvement, ont été crus neutres, quoiqu'ils soient vraiment actifs, puisqu'ils expriment autant d'actions que font leurs sujets respectifs. Nous les appellerons de même, savoir, actifs, d'après un des meilleurs Grammairiens modernes, parcequ'il est beaucoup plus facile d'enseigner & d'aprendre, lorsqu'il n'y a ni contradiction, ni obscurité dans les termes dont on se sert.

Verbes pronominaux, réfléchis, réciproques, impersonnels.

On appelle verbes *pronominaux* ceux qui sont accompagnés des pronoms, *me, te, se, nous, vous*, qui signifient l'objet immédiat, ou le médiat de l'action du verbe. Si cette action retombe sur le sujet même qui la fait, de sorte qu'il en devienne aussi l'objet, le verbe pronominal s'appelle réfléchi, comme, *se consoler, se réjouir, se donner un habit, se donner des airs.* Dans les premiers exemples, le *se* marque l'objet immédiat; & dans les derniers l'objet médiat; car l'immédiat ce sont *l'habit* & *les airs ;* & le *se* veut dire *à soi*, régime composé.

Si l'action d'un verbe pronominal est faite tour à tour par plusieurs sujets, relativement à plusieurs objets, qui sont aussi sujets à l'égard de leur action, ou tout ensemble agents & patients respectivement, le verbe pronominal s'appelle *réciproque*, comme, *s'entr'aimer*, *s'aider les uns les autres*, *s'encourager mutuellement ; s'écrire des lètres*, *se donner mutuellement des louanges*, *se faire des reproches*, *se dire des injures*, *se donner des coups l'un à l'autre.* L'on voit bien que le *se*, dans les premiers exemples, désigne l'objet immédiat ; & dans les derniers l'objet médiat, puisque l'immédiat ce sont *les lètres*, *les louanges*, *les reproches*, *les injures*, *les coups.*

On dit : *je me ris*, *je me moque de celà*, *je me loue de Monsieur.* Ces verbes sont actifs ainsi que les réfléchis & les réciproques ; mais le ris, la moquerie, la louange ne tombent pas sur le *me*, qui paroît signifier l'objet immédiat, mais sur *celà* & sur *Monsieur*, quoiqu'énoncés comme objets médiats ; c'est un jeu d'expression irréguliere, comme lorsque l'Allemand dit, *je me remercie*, voulant dire *vous.*

On dit aussi, *je me repents ;* & un très habile Grammairien dit que ce verbe n'est pas réfléchi, mais simplement pronominal avec la signification passive. Moi je pense qu'il est réfléchi, & qu'il a la signification active & passive ; car il veut dire, *je m'aflige*, *je sens volontairement de la douleur d'avoir fait quelque chose*, *je voudrois ne l'avoir pas fait.* Hors du réfléchi, *aimer* & *haïr* emportent réellement une passion ; mais ils n'en sont pas moins verbes actifs, parcequ'ils signifient la volonté de faire du bien, de s'unir à l'objet qu'on aime, & de fuir l'objet que l'on *hait*, ou même de lui faire du mal.

Se souvenir, *se ressouvenir*, c'est se rappeller, ou garder la mémoire de quelque chose ; *se sentir*, *se ressentir de quelque chose*, c'est en avoir, en conserver le sentiment, le plaisir, le désagrément ; & ces verbes sont actifs réfléchis, quoique le pronom *se*, régime simple, marque l'objet médiat ; & *de quelque chose*, régime composé, l'objet immédiat.

Mais quand on dit, *je me meurs*, je crois que le verbe *mourir* est toujours neutre, & que le *me* n'est qu'une imitation des verbes actifs, comme si l'on disoit, *je me sens mourir*, où le pronom *me* désigne l'objet immédiat du verbe *sentir* réfléchi.

Dans les troisièmes personnes du plurier & du singulier des verbes actifs, le pronom *se* en rend souvent la signification passive : *celà se fait partout ; ces étoffes se fabriquent à Lyon ; ces nouvelles se débitent à la Bourse ;* c'est-à-dire, *est fait*, *sont fabriquées*, *sont débitées.* Les verbes ainsi accompagnés du pronom *se*, & qui ont par là la signification passive, ne sont pas réfléchis, mais pronominaux passifs. Celà ne se fait pas lui-même, *ces étoffes* ne se fabriquent pas elles-mêmes, ni *les nouvelles* ne se disent pas elles-mêmes, comme il faudroit pour que ces verbes fussent réfléchis.

Les verbes impersonnels sont ceux qui ne sont en usage qu'à la troisième personne du singulier, comme, *pleuvoir*, *neiger*, *grêler*, *tonner*, *importer ;* car on dit, *il pleut*, *il neige*, *il grêle*, *il tonne*, *il importe ;* mais non pas, *je pleus*, *tu neiges*, *nous grêlons*, *vous tonnez*, *ils importent*, *&c* Ces verbes ont la signification neutre, excepté *tonner*, car c'est faire du bruit.

Il y a des verbes actifs & des neutres qui, ayant toutes leurs personnes, les perdent & deviennent impersonnels dans un sens particulier, comme, *être*, *avoir*, *convenir*, *arriver*, *faire*: *il est juste*, *il est nécessaire*, *il y a*, *il y avoit*, *il y a eu*, *il convient*, *il conviendroit*, *il arrive des choses singulières*, *il fait beau*, *doux*, *vilain*, *froid*, *chaud*, *&c.*

D'autres verbes deviennent impersonnels, moyennant les pronoms *se* & *on*; comme, *l'on va*, *l'on vient*, *on dit*, *on trouve*; *il se trouve*, *il se présente des occasions*; *ce qui s'aprend aisément s'oublie de même*, *&c.* Ces dernies ont été appellés ci-devant *impersonnels passifs*, parcequ'ils s'expriment passivement en latin; mais en françois, il n'y a que ceux accompagnés des verbes auxiliaires, & du participe déclinable ou indéclinable, du pronom *se*, qui aient la signification passive, & pas même toujours, puisque, si l'on peut dire, *ce qui est apris aisément est oublié de même*, l'on ne sauroit dire *qu'il est trouvé*, ni *que des occasions sont présentées*; c'est pourquoi ce sont des impersonnels aussi indéterminés que ceux qui sont accompagnés du pronom *on*, & qui signifient *quelqu'un*, ou *le monde dit*, *va*, *vient*, *trouve*, *&c.*

Des Temps composés des Verbes, ou de l'usage des auxiliaires, & du Participe déclinable ou indéclinable.

Les verbes actifs forment leurs temps composés avec le verbe *avoir*, & leur participe, qui ne s'accorde jamais avec le sujet qui fait l'action, comme on a vu au verbe *avoir*, qui se sert d'auxiliaire lui-même, & aux verbes *aimer*, *sentir*, *recevoir* & *rendre*, qui sont tous actifs.

Le participe des verbes actifs s'accorde avec l'objet immédiat de l'action du verbe, lorsque cet objet précede le participe; mais lorsqu'il le suit, il demeure indéclinable à la terminaison masculine, faute de terminaiſon neutre; car alors le participe est neutre, & ne s'accorde avec rien. Exemples. *Le Censeur a* LU *&* APROUVÉ *ma dissertation. Leſ Académicienſ ont* RÉCITÉ *leurs compoſitions. Vos ſœurſ ont* REÇU *ma femme avec des démonstrations d'une vraie amitié. Ma femme a* VU *les fêtes de la Cour & celles de la Ville.* Et: *l'on va imprimer ma dissertation; car le Censeur l'a* LUE *&* APROUVÉE. *Les compoſitions que leſ Académicienſ ont* RÉCITÉES *sont admirables. Ma femme, que vos ſœurſ ont* REÇUE *avec des démonstrations d'une vraie amitié, ne pourra jamais leſ oublier. Les fêtes de la Cour & celles de la Ville, que ma femme a* VUEſ, *ont été très belleſ & magnifiques.*

Quelquefois le participe d'un verbe actif est précédé de l'objet de l'action, & suivi d'un préſent infinitif d'un autre verbe: alors, si l'action du participe tombe immédiatement sur cet infinitif, le participe est indéclinable. *Leſ expériences que nouſ avons* VU *faire. Les livres que l'Académie a* FAIT *imprimer. Les Messes que les Confrèreſ ont* FAIT *célébrer.* Celà veut dire *que nouſ avons* VU *faire leſ expériences; que l'Académie a* FAIT *imprimer les livres; que les Confrèreſ ont* FAIT *célébrer les Messes;* par conſéquent l'objet immédiat de l'action *avons vu, a fait, ont fait,* ce sont leſ infinitifs *faire, imprimer, célébrer,* postérieurſ au participe; & non *leſ expériences, les livres, les Messes,* qui sont l'objet immédiat des verbes *faire, imprimer, célébrer.* Que si l'action du participe ne tombe pas sur l'infinitif suivant, mais sur le nom ou pronom qui énonce l'objet immédiat précédent; alors le participe s'accorde en genre & nombre avec cet objet. *Ils sont savants, je leſ ai* ENTENDUS *disputer. Noſ amies sont parties, je leſ ai* VUEſ *entrer en carosse. L'affaire qu'on vouſ avoit* DONNÉE *à exa-*

miner. Les pièces que le Ministre nous avoit CHARGÉS *de traduire*. C'est-à-dire, *je les ai* ENTENDUS *qui disputoient : je les ai* VUES *qui entroient en carrosse ; l'affaire qu'on vous avoit* DONNÉE *pour que vous l'examinassiez ; les pièces de la traduction desquelles le Ministre nous avoit* CHARGÉS. Par la même raison on diroit : *les motets, les airs que nous avons* ENTENDU *chanter ; les menuets que nous avons* VU *danser*. Et : *les Musiciens que nous avons* ENTENDUS *chanter ; les personnes que nous avons* VUES *danser*. On diroit même : *il auroit fait, apris, obtenu, tous les progrès, toutes les sciences, tous les degrés, qu'il auroit* VOULU ; parcequ'on sousentend *faire, aprendre, obtenir*.

Il y a des verbes actifs de mouvement, lesquels prennent pour auxiliaire le verbe *être*, & leur participe s'accorde en genre & nombre avec le sujet ou agent : tels sont, *naître, aller, venir, sortir, entrer, partir, arriver, retourner, revenir : elles sont* ALLÉES *voir les tableaux ; ils sont* VENUS *nous inviter ; elle est* ENTRÉE *; nous sommes* PARTIS *avant-hier, & nous sommes* REVENUS *ce matin*. On dit, *il est sorti, elle est sortie*, lorsque les personnes ne sont pas rentrées ; & *j'ai* SORTI, *il a* SORTI, *elle a* SORTI *plusieurs fois, je n'ai* SORTI *de la journée*.

Courir, glisser, ont pour auxiliaire *avoir*, ainsi que *tourner, biaiser*, comme tout verbe actif : *ils ont* COURU ; *nous avons* GLISSÉ ; *vous avez* BIAISÉ ; *ils ont* TOURNÉ *tout autour. Monter* & *descendre*, prennent *être : elle est* MONTÉE, *elles sont* DESCENDUES ; mais si l'objet ou régime suit, ils prennent le verbe *avoir : nous avions* MONTÉ *la colline ; ils avoient* DESCENDU *la montagne*. On dit : *elle a* PASSÉ *par ici, ils ont* PASSÉ *plusieurs fois ;* & tout court, *elle est* PASSÉE, *ils sont* PASSÉS. *Il a passé*, veut dire, il a été reçu, admis, aprouvé.

Les verbes passifs forment tous leurs temps avec le verbe *être*, & leur participe s'accorde en genre & nombre avec l'objet de l'action ou passion, lequel est le sujet du discours. *Passif* & *passion*, chez les Grammairiens comme chez les Philosophes, ne signifient pas la douleur qu'on ressent, mais simplement une action que l'on reçoit, quelle qu'elle soit. Ainsi, *être aimé*, *être estimé*, *être loué*, sont des verbes passifs, tout de même qu'*être haï*, *être battu*, *être méprisé*, *être blâmé*.

Pour conjuguer un verbe passif, il n'y a qu'à prendre son participe, & le placer à la suite de chaque personne du verbe *être* : *je suis aimé, ée ; tu es aimé, ée ; il est aimé, elle est aimée ; nous sommes aimés, ées ; vous êtes aimés, ées ; ils sont aimés, elles sont aimées. J'ai été aimé, ée ; tu as été aimé, ée ; il a été aimé, elle a été aimée ; nous avons été aimés, ées ; vous avez été aimés, ées ; ils ont été aimés, elles ont été aimées, &c.*

Les verbes neutres forment leurs temps composés, les uns avec l'auxiliaire *être*, & leur participe s'accorde en genre & nombre avec le sujet, comme, *convenir* pour s'accorder, *décheoir*, *échoir*, *devenir*, *tomber*, *demeurer*, ou *rester*, *mourir*, & quelques autres : *nous sommes convenus du prix ; l'année est échue ; elles sont devenues riches ; ils sont morts* : le verbe *rester* ne se dit pas pour habiter, faire sa demeure, mais pour demeurer lorsqu'on devroit s'en aller : *la compagnie a suivi sa route, & nous sommes restés, ou demeurés ici à cause de nos affaires.* D'autres verbes neutres prennent l'auxiliaire *avoir*, & leur participe demeure indéclinable, comme, *convenir*, pour être convenable, utile, décent ; *croître*, *demeurer*, pour habiter, faire sa demeure ; *être*, *exister*, *subsister*, *exceller*, *jaunir*, *pâlir*, *rougir*, *dormir*, *reposer*, *vieillir*, *trembler*, & semblables : *l'affaire m'auroit convenu ; ils ont rougi, pâli, tremblé ; ces loix ont subsisté après la destruction de l'Empire ; les animaux, les arbres, les plantes ont crû ; nous avons demeuré six ans à Florence ; nous passerons comme ceux qui ont existé avant nous.*

Les verbes pronominaux qui ont la signification passive, & qui ne sont ni réfléchis, ni réciproques, prennent pour auxiliaire aux temps composés le verbe *être*, & le participe suit le genre & le nombre de l'objet de l'action, lequel est le sujet du discours, comme, *elle s'est* TROUVÉE *mal ; ces plantes se sont* CONSERVÉES *par les soins du Jardinier.*

Les verbes pronominaux, qui sont réfléchis ou réciproques, ont la signification active, prennent pour auxiliaire aussi le verbe *être* ; mais leur participe suit la règle des verbes actifs ci-dessus : savoir, il demeure indéclinable, si l'objet immédiat de l'action suit le participe qui l'énonce ; & il est du genre & du nombre du même objet, si celui-ci le précède : *les Sages & les Saints n'ont pas été exempts de défauts ; mais ils s'en sont* CORRIGÉS, *& se sont* EXERCÉS *toute leur vie dans les vertus convenables à leur état.* Dans ces exemples, *se* est l'objet immédiat de l'action des participes *corrigés* & *exercés*. *Les passagers & les voleurs se sont* DONNÉ *de grands coups.* Ici *se* n'est que l'objet médiat de l'action du participe *donné*, & les *grands coups* qui suivent, sont l'objet immédiat. *Ma femme & ma sœur s'étoient* PROPOSÉ *de vous aller voir à la campagne ; mais ma mère s'est* DONNÉ *une entorse qui suspendra cette partie pendant quelques jours.* Ici *se* est l'objet médiat de l'action des participes *proposé*, *donné*, & l'immédiat sont le *voyage* & l'*entorse* qui suivent. Le participe s'accordera, si l'on y fait précéder l'objet immédiat. *Des voleurs ont*

attaqué

attaqué des passagers, & l'on est surpris qu'aucun ne soit mort des grands coups que les uns & les autres se sont DONNÉS. *L'entorse que ma mère s'est* DONNÉE *a suspendu pendant quelques jours la partie que ma femme & ma sœur s'étoient* PROPOSÉE, *de vous aller voir à la campagne.*

Conjugaison d'un Verbe pronominal.

Préf. & imparf. infinitifs. *Se consoler.* Participe. *Consolé, ée, és, ées.*

Parf. & plusqueparf. infin. *S'être consolé, ée, és, ées.*

Préf. & imparf. gérondifs. *Se consolant, en se consolant.*

Parf. & plusqueparf. gérondifs. *S'étant consolé, ée, és, ées.*

Préf. indic. *Je me console, tu te consoles, il* ou *elle se console. Nous nous consolons, vous vous consolez, ils* ou *elles se consolent.*

Parfait indéfini. *Je me suis consolé, ée; tu t'es consolé, ée; il s'est consolé; elle s'est consolée. Nous nous sommes consolés, ées; vous vous êtes consolés, ées; ils se sont consolés; elles se sont consolées.*

Imparf. indicat. *Je me consolois; tu te consolois; il* ou *elle se consoloit. Nous nous consolions; vous vous consoliez; ils* ou *elles se consoloient.*

Plusqueparf. indicat. *Je m'étois consolé, ée; tu t'étois consolé, ée; il s'étoit consolé; elle s'étoit consolée. Nous nous étions consolés, ées; vous vous étiez consolés, ées; ils s'étoient consolés; elles s'étoient consolées.*

Parfait défini simple. *Je me consolai; tu te consolas; il* ou *elle se consola. Nous nous consolâmes; vous vous consolâtes; ils* ou *elles se consolèrent.*

Parfait défini composé. *Je me fus consolé, ée; tu te fus consolé, ée; il se fut consolé; elle se fut consolée. Nous nous fûmes consolés, ées; vous vous fûtes consolés, ées; ils se furent consolés; elles se furent consolées.*

Prés. impérat. *Console-toi; qu'il* ou *elle se console. Consolons-nous; consolez-vous; qu'ils* ou *elles se consolent.*

Prés. optat. & subj. *Que je me console; que tu te consoles; qu'il* ou *elle se console. Que nous nous consolions; que vous vous consoliez; qu'ils* ou *elles se consolent.*

Parf. opt. & subj. *Que je me sois consolé, ée; que tu te sois consolé, ée; qu'il se soit consolé; qu'elle se soit consolée. Que nous nous soyons consolés, ées; que vous vous soyez consolés, ées; qu'ils se soient consolés, qu'elles se soient consolées.*

Imparf. opt. & subj. *Que je me consolasse; que tu te consolasses; qu'il* ou *elle se consolât. Que nous nous consolassions, que vous vous consolassiez; qu'ils* ou *elles se consolassent.*

Plusquep. opt. & subj. *Que je me fusse consolé, ée; que tu te fusses consolé, ée; qu'il se fût consolé; qu'elle se fût consolée. Que nous nous fussions consolés, ées; que vous vous fussiez consolés, ées; qu'ils se fussent consolés; qu'elles se fussent consolées.*

Imparf. condit. *Je me consolerois; tu te consolerois; il* ou *elle se consoleroit. Nous nous consolerions; vous vous consoleriez; ils* ou *elles se consoleroient.*

Plusqueparf. condit. *Je me serois consolé, ée; tu te serois consolé, ée; il se seroit consolé; elle se seroit consolée. Nous nous serions consolés, ées; vous vous seriez consolés, ées; ils se seroient consolés; elles se seroient consolées.*

Futur simple & impératif. *Je me consolerai; tu*

te consoleras ; il ou *elle se consolera. Nous nous consolerons ; vous vous consolerez ; ils* ou *elles se consoleront.*

Futur composé ou antérieur. *Je me serai consolé, ée ; tu te seras consolé, ée ; il se sera consolé ; elle se sera consolée. Nous nous serons consolés, ées ; vous vous serez consolés, ées ; ils se seront consolés ; elles se seront consolées.*

Pour exprimer ce de quoi l'on se console, dont on se réjouit, dont on se ressouvient, on ajoute le pronom *en ;* & au lieu de *me, te, se, nous, vous*, on dit : *m'en, t'en, s'en, nous en, vous en.*

Les verbes impersonnels ont pour auxiliaire *avoir*, & ceux où entre le pronom *se* ont le verbe *être ;* mais le participe des uns & des autres est toujours indéclinable : *il a tonné, il a plu, il a neigé, il a grêlé, il a fait des saisons étranges ; on a apris des nouvelles ; on a vu des choses singulières ; il est né, il est mort des milliers de personnes ; il y a eu des inondations, des guerres, des naufrages ; il s'est trouvé des gents généreux, charitables, intrépides, &c.*

Conjugaison du Verbe impersonnel Avoir, *qui, avec la Particule* y, *signifie le lieu & le temps.*

Y avoir, y avoir eu, y ayant, y ayant eu, il y a, il y avoit, il y eut, il y a eu, il y avoit eu, qu'il y ait, qu'il y ait eu, qu'il y eût, qu'il y eût eu ; il y auroit, il y auroit eu, il y aura, il y aura eu.

Y en avoir, y en avoir eu, y en ayant, y en ayant eu, il y en avoit, il y en avoit eu, il y en a, il y en a eu, qu'il y en ait, qu'il y en ait eu, qu'il y en eût, qu'il y en eût eu, il y en auroit, il y en auroit eu, il y en aura, il y en aura eu.

Conjugaison du Verbe impersonnel Trouver.

Se trouver, s'être trouvé, se trouvant, s'étant trouvé; on trouve, il se trouve; on a trouvé, il s'est trouvé; on trouvoit, il se trouvoit; on avoit trouvé, il s'étoit trouvé; on trouva, il se trouva; on eut trouvé; que l'on trouve, qu'il se trouve; qu'on ait trouvé, qu'il se soit trouvé; que l'on trouvât, qu'il se fût trouvé; on trouveroit, il se trouveroit; on auroit trouvé, il se seroit trouvé; on trouvera, il se trouvera; on aura trouvé, il se sera trouvé.

Il se trouvera aussi quelque verbe impersonnel parmi les irréguliers.

Verbes irréguliers de la première Classe, en er.

Prés. & imp. infin. *Aller, s'en aller.* Parf. & plusq. infin. *Etre allé, s'en être allé, ée, és, ées.*

Prés. & imp. gér. *En allant, en s'en allant.* Parf. & plusq. gér. *Etant allé, s'en étant allé, ée, és, ées.*

Prés. ind. *Je vais* ou *je vas; tu vas, il* ou *elle va; nous allons, vous allez, ils* ou *elles vont; je m'en vais, tu t'en vas, il* ou *elle s'en va; nous nous en allons, vous vous en allez, ils* ou *elles s'en vont.*

Parf. indéf. *J'ai été, tu as été; il* ou *elle a été; nous avons été, vous avez été, ils* ou *elles ont été.*

On ne dit pas, *je suis allé, ée; tu es allé, ée; nous sommes allés, ées; vous êtes allés, ées;* parceque qui est allé n'est pas présent dans l'endroit d'où il s'en est allé; & dans le lieu où l'on est allé, l'on ne pourroit dire que, *je suis venu, ue; tu es venu, ue; nous sommes venus, ues; vous êtes venus, ues.* Tout au plus je crois qu'on pourroit dire : *je m'en suis allé, nous nous en som-*

mes allés bien vîte, pour ne pas entendre d'ordures, parler contre la Religion, contre le Gouvernement; pourquoi êtes-vous allé lui dire celà? mais je n'en suis pas sûr. A la troisième personne, on dit, *il est allé, elle est allée; ils sont allés, elles sont allées*, lorsque les personnes ne sont pas revenues; autrement on dit comme dessus, *il* ou *elle a été*, *ils* ou *elles ont été. Il s'en est allé, elle s'en est allée; ils s'en sont allés, elles s'en sont allées*, signifie proprement que les personnes ont quitté l'endroit où elles étoient pour n'y pas revenir si-tôt, que lorsqu'on dit, *il est allé, &c.* sans la particule *en*, à moins qu'on n'ajoute le lieu, *il est allé aux Indes.*

Imparf. indic. *J'allois, je m'en allois, &c.* régulier. Plusq. indic. *J'étois allé, ée, &c.*

Parf. défini. *J'allai, je m'en allai, &c.* régulier. Parf. antérieur. *Après que je m'en fus allé, &c.*

Impératif. *Va, va-t-en, qu'il* ou *elle aille, s'en aille; allons, allons nous-en; allez, allez-vous-en; qu'ils* ou *elles aillent, s'en aillent.*

Prés. opt. & subj. *Que j'aille, m'en aille; que tu ailles, t'en ailles; qu'il* ou *elle aille, s'en aille; que nous aillions, nous en aillions; que vous ailliez, vous en ailliez; qu'ils* ou *elles aillent, s'en aillent.* Parf. opt. & subj. *Que je sois allé, ée; m'en sois allé, ée, &c.*

Imparf. opt. & subj. *Que j'allasse, m'en allasse, &c.* Plusq. opt. & subj. *Que je fusse, m'en fusse allé, ée. &c.*

Imparf. condit. *J'irois, je m'en irois; tu irois, tu t'en irois; il* ou *elle iroit, s'en iroit; nous irions, nous nous en irions; vous iriez, vous vous en iriez; ils* ou *elles iroient, s'en iroient.* Plusq. cond. *Je serois, m'en serois allé, ée, &c.*

Futur simple. *J'irai, je m'en irai; tu iras, tu t'en iras; il* ou *elle ira, s'en ira; nous irons, nous*

nous en irons ; vous irez, vous vous en irez ; ils ou *elles iront, s'en iront.* Futur composé ou antérieur. *Je serai, je m'en serai allé, ée, &c.*

2. *Puer* n'est irrégulier qu'au singulier du présent indicatif, *je pus, tu pus, il put*, au lieu de *je pue, tu pues, il pue*, inflexions régulières, qui ne se confondroient pas avec celles du parfait défini du verbe *pouvoir* ; mais elles ne sont pas en usage.

Remarquez, 1°. que la pénultième syllabe du conditionnel & du futur des verbes en *er* est muette ; c'est pourquoi il ne faut pas écouter ceux qui prononcent *vous trouvérez, vous trouvériez, &c.* En vers l'on retranche même cet *e* aux mêmes temps des verbes en *éer, ier* & *uer : tu crérois, je vous prirai, il vous éfrairoit, vous emploirez, ils continuront.*

Remarquez, 2°. que les verbes dont la pénultième du présent infinitif est muette, comme *cacheter, chapeler, chucheter, ciseler, bourreler, démanteler, dépaqueter, décacheter, empaqueter, écarteler*, qui seroit mieux écrit, *équarteler, étiqueter, déchiqueter, fureter, harceler, quârreler, quereler, ruisseler, &c.* changent cette muette en une syllabe un peu longue, & l'*e* qui la compose est entre ouvert & fermé, lorsque la dernière syllabe est muette : *je cachète, il chuchète, ils quârrèlent, on démantèle, on empaquète, on déchiquète, &c.* & non *je cachte, il chuchte, ils quarlent, on démantle, on empaqte, on déchiqte, &c.* ce qui ne vaut pas mieux que *dsirer, dsir, je dsire* & *scret*, pour *désirer, désir, je désire, sécret.*

Remarquez, 3°. que les verbes en *ger*, comme *corriger, juger, manger*, gardent l'*e*, quoique muet, devant *a* & *o*, où il sert à adoucir le *g*, qui sans celà seroit fort avant ces voyèles : *nous jugeâmes, vous mangeâtes, nous corrigeons.*

Remarquez enfin, 4°. que les verbes *envoyer* & *renvoyer* ne font point au conditionnel & au futur, *j'envoyerois*, *je renvoyerois*, *j'envoyerai*, *je renvoyerai*, ni *j'envoirois*, *j'envoirai*, *&c.* mais *j'enverrois*, *je renverrois*, *j'enverrai*, *je renverrai*, *&c.*

La seconde singulière de l'impératif perd le *s*, lorsqu'on y joint un pronom commençant par consonne : *donne-moi.*

Verbes irréguliers de la seconde Classe, en ir.

1. *Bénir*, *avoir béni* : *bénit* est adjectif, mais non pas participe : *eau bénite*, celle qui a été bénie : *en bénissant.* Le passé défini, le conditionnel & le futur sont réguliers.

Prés. indic. *Je bénis*, *tu bénis*, *il* ou *elle bénit* ; *nous bénissons*, *vous bénissez*, *ils* ou *elles bénissent.*

Imparf. indic. *Je bénissois*, *tu bénissois*, *il* ou *elle bénissoit* ; *nous bénissions*, *vous bénissiez*, *ils* ou *elles bénissoient.*

Prés. impérat. *Bénis*, *qu'il* ou *elle bénisse* ; *bénissons*, *bénissez*, *qu'ils* ou *elles bénissent.*

Prés. opt. & subj. *Que je bénisse*, *que su bénisses*, *qu'il* ou *elle bénisse* ; *que nous bénissions*, *que vous bénissiez*, *qu'ils* ou *elles bénissent.*

Imparf. opt. & subj. *Que je bénisse*, *que tu bénisses*, *qu'il* ou *elle bénît* ; *que nous bénissions*, *que vous bénissiez*, *qu'ils* ou *elles bénissent.*

Conjuguez de même les suivants : *abasourdir*, vieux ; *abâtardir*, vieux, *abolir*, *abonner le quârreau*, terme de Potier de terre, *accomplir*, *aboutir*, *affoiblir*, *afranchir*, *aguerrir*, *affermir*, *amatir* l'or, *amboutir*, *anéantir*, *aplanir*, *aplatir*, *avilir*, *asservir*, *assortir*, *assouvir*, *assoupir*, *bannir*, *arrondir*, *bâtir*, *blanchir*, *blondir*, *se blotir* (les perdrix) *bondir*, *brunir*, *convertir*, *définir*, *dégarnir*, *dégourdir*, *déguerpir*, *déſunir*, *durcir*, *éblouir*, *élargir*, *embellir*, *émeutir*, *engloutir*, *engourdir*, *enhardir*, *endurcir*, *enlaidir*, *ennoblir*, *établir*, *étourdir*, *finir*, *flétrir*, *fourbir*, *fournir*, *garantir*, *garnir*, hennir, honnir vieux, *jaillir*, *jaunir*, *languir*, *munir*, *mûrir*, *nantir*, *noircir*, *pâlir*, *pêtrir*, *polir*, *pervertir*, *punir*, *rajeunir*, *ralentir*, *ravir*, *répartir*, partager, *ressortir à*, être du ressort de, *rejaillir*, *reverdir*, *refroidir*, *réussir*, *roidir*, *rôtir*, *rouïr*, *rougir*, *roussir*, *sortir*, avoir, obtenir, *trahir*, *verdir*, *vieillir*, *unir*, *vomir*, & quelqueſ autres, s'il y en a, lesquels ne seront pas parmi leſ irréguliers en *ir*, ci-après.

Ces verbeſ, avec *bénir*, leur modèle d'irrégularité, ont été rangés jusqu'ici sous les verbes *finir* ou *punir*, comme modèles réguliers de la seconde classe. Cependant, s'ilſ étoient réguliers, ils ne feroient paſ au préſent, *nous finissonſ*, *&c.* à l'imparfait, *je finissoiſ*, *&c.* ni au préſent subj. *que je finisse*, *&c.* mais *nous finons*, *&c. je finois*, *&c. que je fine*, *&c.* ce qui, n'étant paſ agréable, a occaſionné l'irrégularité de la syllabe *iss*, qui précède la dernière. Outre celà, les trois personnes du singulier du préſent indicatif sont les mêmes que celles du passé défini ; & tout le préſent subjonctif est, à la troiſième du singulier près, le même que l'imparfait subjonctif, comme on voit ci-dessuſ au verbe *bénir*. Voilà encore une irrégularité.

Au contraire, on a regardé comme irrégulier le verbe *sentir*, que j'ai employé comme modèle des réguliers de cette même classe, avec les suivants, & peut-être quelqueſ autres qui lui sont tout à fait semblables, savoir, *pressentir*, *ressentir*, *mentir*, *démentir*, *consentir*, *partir*, *repartir*, *se repentir*, *se départir*, *sortir*, *ressortir*.

2. *Bouillir*, *avoir bouilli*, *en bouillant*. Préſ.

ind. *je bous*, *tu bous*, *il* ou *elle bout*; *nous bouillons*, *vous bouillez*, *ils* ou *elles bouillent*. Imp. cond. *je bouilliroiſ* ou *bouilleroiſ*, *&c.* Futur simple, *je bouillirai* ou *bouillerai*, *&c.* Le reste est régulier. *Débouillir* une étoffe pour en éprouver la teinture.

3. *Courir*, *avoir couru*, *en courant*. Passé défini, *je courus*, *tu courus*, *il* ou *elle courut*; *nous courûmes*, *vous courûtes*, *ils* ou *elles coururent*. Imparf. subj. *que je courusse*, *&c.* Imparf. condit. *je courrois*, *&c.* Futur simple, *je courrai*, *&c.* Le reste est régulier.

Conjuguez de même *accourir*, *concourir*, *discourir*, *encourir*, *parcourir*, *recourir*.

4. *Faillir*, *avoir failli*, *faillant*. Parf. défini. *je faillis*, *&c.* Le reste des temps n'est point en uſage, à la réſerve des composés. *Défaillir* fait de même.

5. *Fleurir*, comme *bénir* : au gérondif, *fleurissant* : à l'imparfait indic. *je fleurissois*, *&c.* dans le sens propre ; & au figuré, *florissant*, *florissoit*, *&c.*

5. *Fuir*, *& s'enfuir*; *en fuyant*, *en s'enfuyant*; *avoir fui*, *s'être enfui*. Préſ. ind. *je fuis*, *tu fuis*, *il* ou *elle fuit*; *nous fuyons*, *vous fuyez*, *ils* ou *elles fuient*; *je m'enfuis*, *&c.* Imparf. indic. *Je fuyois*, *&c.* Préſ. impér. *fuis*, *qu'il* ou *elle fuye*; *fuyons*, *fuyez*, *qu'ils* ou *elles fuient*. Préſ. subj. *que je fuye*, *que je m'enfuye*, *&c.* le reste est régulier.

7. Haïr, *avoir* haï, haïssant. Préſ. ind. *je* hais, *tu* hais, *il* ou *elle* hait; *nous* haïssons, *vous* haïssez, *ils* ou *elles* haïssent. Imparf. indic. *je* haïssois, *&c.* Le parf. déf. *je* haïſ, *&c.* n'est pas d'uſage, non plus que la première du préſ. impérat. hais. Préſ. subj. *que je* haïsse, *&c.* Imp. subj. *que je* haïsse, *que tu* haïsses, *qu'il* ou *elle* haït, *&c.* Imp. cond. *je* haïroiſ, *&c.* Futur simple, *je* haïrai, *&c.*

8. *Mourir*, *être mort*, *en mourant*. Préſ. ind. *je meurs*, *tu meurs*, *il* ou *elle meurt*; *nous mourons*, *vous mourez*, *ilſ* ou *elles meurent*. Parfait déf. *je mourus*, *tu mourus*, *il* ou *elle mourut*; *nous mourûmes*, *vous mourûtes*, *ilſ* ou *elles moururent*. Préſ. impér. *meurs*, *qu'il* ou *elle meure*; *mourons*, *mourez*, *qu'ilſ* ou *elles meurent*. Préſ. subj. *que je meure*, *que tu meures*, *qu'il ou elle meure*; *que nous mourions*, *que vous mouriez*, *qu'ilſ* ou *elles meurent*. Imparf. subj. *que je mourusse*, *que tu mourusses*, *qu'il* ou *elle mourût*; *que nous mourussions*, *que vous mourussiez*, *qu'ilſ* ou *elles mourussent*. Imparf. cond. *je mourrois*, *&c.* Futur simple, *je mourrai*, *&c.* l'imparf. indicat. & régulier.

9. *Ouïr*, *avoir ouï*. On dit : *j'ai ouï dire*, *raconter*, *&c.* Le parf. déf. fait, *j'ouïs*; & l'imp. subj. *que j'ouïsse*; maiſ il est peu uſité, & point aux autres tempſ, excepté les compoſés.

10. *Quérir* n'est uſité qu'au préſ. infin. *Aller*, *envoyer*, *venir quérir*, *je vais quérir*, *&c.* *Acquérir*, *avoir acquis*, *en acquérant*. Préſ. ind. *j'acquiers*, *tu acquiers*, *il* ou *elle acquiert*; *nouſ acquérons*, *vouſ acquérez*, *ilſ* ou *elleſ acquièrent*. Imp. ind. *j'acquéroiſ*, *&c.* Parf. défini, *j'acquis*, *tu acquis*, *il* ou *elle acquit*; *nouſ acquîmes*, *vouſ acquîtes*, *ilſ* ou *elleſ acquirent*. Préſ. impér. *acquiers*, *qu'il* ou *elle acquière*; *acquérons*, *acquérez*, *qu'ilſ* ou *elleſ acquièrent*. Préſ. subj. *que j'acquière*, *que tu acquières*, *qu'il* ou *elle acquière*; *que nouſ acquérions*, *que vouſ acquériez*, *qu'ilſ* ou *elleſ acquièrent*. Impar. subj. *que j'acquisse*, *que tu acquisses*, *qu'il* ou *elle acquît*; *que nouſ acquissions*, *que vouſ acquissiez*, *qu'ilſ* ou *elleſ acquissent*. Imparf. cond. *j'acquerroiſ*, *&c.* Futur simple, *j'acquerrai*, *&c.*

Conquérir, *avoir conquis*, *en conquérant*. Parf. déf. *je conquis*, *&c.* Imp. subj. *que je con-*

quisse, *&c.* Il n'est pas ufité aux autres temps, si ce n'est aux compofés.

Requérir fait en tout comme *acquérir*; mais pour chercher, ou quérir de nouveau, il n'est d'ufage qu'au préfent infinitif.

11. *Revêtir*, *furvêtir*, *vêtir*, *dévêtir*, sont réguliers, si ce n'est que leur participe est *revêtu*, *survêtu*, *vêtu*, *dévêtu*, & que le singulier préfent indicatif de *vêtir*, savoir, *je vêts*, *tu vêts*, *il* ou *elle vêt*, n'est guère en ufage.

12. *Rouvrir*, *ouvrir*, *entr'ouvrir*, *couvrir*, *découvrir*, *recouvrir*, *ofrir*, *méfofrir*, *soufrir*; *avoir rouvert*, *en rouvrant*. Préf. ind. *je rouvre*, *tu rouvres*, *il* ou *elle rouvre*; *nous rouvrons*, *vous rouvrez*, *ils* ou *elles rouvrent*. Préf. impér. *Rouvres*, *qu'il* ou *elle rouvre*; *rouvrons*, *rouvrez*, *qu'ils* ou *elles rouvrent*. Le reste est régulier.

Cueillir, *acueillir*, *recueillir*, en font de même, si ce n'est que leur participe est régulier: *cueilli*, *acueilli*, *recueilli*; & qu'à l'imp. cond. ils font, *je cueilleroif*, *&c.* & au futur simple, *je cueillerai*, *&c.*

13. *Saillir*, pour avancer en dehors, n'est ufité qu'au préf. infinit. au gérond. *saillant*, & aux troifièmes personnes. Préf ind. *il* ou *elle saille*, *ils* ou *elles saillent* Imp. ind. *il* ou *elle sailloit*, *ils* ou *elles sailloient*. Préf. subj. *qu'il* ou *elle saille*, *qu'ils* ou *elles saillent*. Imp. subj. *qu'il* ou *elle saillît*, *qu'ils* ou *elles saillissent*. Imp. cond. *il* ou *elle sailleroit*, *ils* ou *elles sailleroient*. Futur simple, *il* ou *elle saillera*, *ils* ou *elles sailleront*.

Saillir, pour sortir avec impétuofité, s'élancer, s'élever en l'air, n'eft pas de cette irrégularité, il fait comme *bénir*, & n'a que les troifièmes personnes: *les eaux saillissent*, *le sang saillit*, *saillissoit*, *a sailli*, *sailliroit*, *saillira*.

Assaillir, & *tressaillir*, *avoir assailli*, *assail-*

lant. Imp. cond. *j'assaillirois* ou *j'assaillerois*, *&c.* Futur simple, *j'assaillirai* ou *j'assaillerai*, *&c.* Le reste de ces deux verbeſ est régulier; maiſ *assaillir* n'a point de singulier au préſent indicatif.

14. *Tenir*, *avoir tenu*, *en tenant*. Préſ. ind. *je tiens*, *tu tiens*, *il* ou *elle tient*; *nous tenons*, *vous tenez*, *ilſ* ou *elles tiennent*. Imp. ind. *je tenois*, *&c.* Parf. déf. *je tins*, *tu tins*, *il* ou *elle tint*; *nous tînmes*, *vous tîntes*, *ilſ* ou *elles tinrent*. Préſ. impér. *tiens*, *qu'il* ou *elle tienne*; *tenons*, *tenez*, *qu'ilſ* ou *elles tiennent*. Préſ. subj. *que je tienne*, *que tu tiennes*, *qu'il* ou *elle tienne*; *que nous tenions*, *que vous teniez*, *qu'ilſ* ou *elles tiennent*. Imp subj. *que je tinsse*, *que tu tinsses*, *qu'il* ou *elle tînt*; *que nous tinssions*, *que vous tinssiez*, *qu'ilſ* ou *elles tinssent*. Imp. condit. *je tiendrois*, *tu tiendrois*, *il* ou *elle tiendroit*; *nous tiendrions*, *vous tiendriez*, *ilſ* ou *elles tiendroient*. Futur simple, *je tiendrai*, *tu tiendras*, *il* ou *elle tiendra*; *nous tiendrons*, *vous tiendrez*, *ilſ* ou *elles tiendront*.

S'abstenir, *contenir*, *détenir*, *appartenir*, *entretenir*, *maintenir*, *obtenir*, *retenir*, *soutenir*; & *venir*, *convenir*, *contrevenir*, *devenir*, *disconvenir*, *intervenir*, *parvenir*, *ſouvenir*, *revenir*, *subvenir*, *survenir*, & s'il y en a quelque autre, font de même.

15. *Dormir*, *avoir dormi*, *en dormant*. *Je dors*, *tu dors*, *il* ou *elle dort*; *nous dormons*, *vous dormez*, *ilſ* ou *elles dorment*. Préſ. impérat. *dors*, *qu'il* ou *elle dorme*; *dormons*, *dormez*, *qu'ilſ* ou *elles dorment*. Le reste est régulier. *Endormir* en fait de même, ainsi que *servir* & *desservir*.

Verbeſ

Verbes irréguliers de la troisième Classe, en oir.

Apercevoir, *concevoir*, *décevoir* peu usité, tromper, *devoir*, *redevoir*, *percevoir*, sont réguliers comme *recevoir*, modèle de cette classe. Les irréguliers sont :

1. *S'asseoir*, *s'être assis*, *en s'asseiant*; *je m'assieds*, *tu t'assieds*, *il* ou *elle s'assied*; *nous nous asseyons*, *vous vous asseyez*, *ils* ou *elles s'asseient*. Imp. ind. *je m'asseyois*, *tu t'asseyois*, *il* ou *elle s'asseyoit*; *nous nous asseyons*, *vous vous asseyez*, *ils* ou *elles s'asseyoient*. Parf. déf. *je m'assis*, *tu t'assis*, *il* ou *elle s'assit*; *nous nous assîmes*, *vous vous assîtes*, *ils* ou *elles s'assirent*. Prés. impérat. *assieds-toi*, *qu'il* ou *elle s'asseye*; *asseyons-nous*, *asseyez-vous*, *qu'ils* ou *elles s'asseyent*. Prés. subj. *que je m'asseye*, *que tu t'asseyes*, *qu'il* ou *elle s'asseye*; *que nous nous asseyons*, *que vous vous asseyez*, *qu'ils* ou *elles s'asseyent*. Imparf. subj. *que je m'assisse*, *que tu t'assisses*, *qu'il* ou *elle s'assît*. La première & la seconde du plurier ne sont guère en usage, *qu'ils* ou *elles s'assissent*. Imp. cond. *je m'asseierois*, &c. Futur simple, *je m'asseierai*, &c.

Asseoir un Jugement, *asseoir la Taille*, &c. *rasseoir*, *seoir*, pour s'asseoir, être assis, se dit à l'infinitif.

Seoir, pour être convenable, décent, n'a que les troisièmes personnes. Prés. ind *il sied*, *elle sied*; *ils* ou *elles siéent*. Prés. subj. *qu'il* ou *elle siée*, *qu'ils* ou *elles siéent*. Imp. ind. *il* ou *elle séioit*, *ils* ou *elles séioient*. Prés. subj. *qu'il* ou *elle siée*, *qu'ils* ou *elles siéent*. Imp. cond. *il* ou *elle siéroit*, *ils* ou *elles siéroient*. Futur simple, *il* ou *elle siéra*, *ils* ou *elles siéront*. Point de parf. défini, de prés. impér. de participe, ni d'imparf. subjonctif.

Surseoîr, *avoir sursis*, *surseiant*. Prés. ind. *je surseois*, &c. Imparf. ind. *je surseyois*, &c. Parf. déf. *je sursis*, &c. Prés. impér. *surseois*, *qu'il* ou *elle surseye*, ou *surseoie*; *surseyons*, *surseyez*, *qu'ils* ou *elles surseoient*, ou *sursoyent*. Prés. subj. *que je sursoie*, &c. Imp. subj. *que je sursisse*, &c. Imparf. cond. *je surseoirois*, &c. Futur simple, *je surseoirai*, &c.

2. *Décheoir*, ou *déchoir*, *être déchu*. Point de présent gérondif. Prés. ind *je déchois*, *tu déchois*, *il* ou *elle déchoit*; *nous déchoyons*, *vous déchoyez*, *ils* ou *elles déchoient*. Point d'imparf. indicat. Parf. indéf. *je déchus*, &c. Point de prés. impérat. Prés. subj. *que je déchoie*, &c. Imparf. subj. *que je déchusse*, &c. Imparf. cond. *je décherrois*, &c. Futur simple, *je décherrai*, &c.

Echeoir, ou *échoir*, *être échu*, *échéant*. Prés. ind. *il* ou *elle échet*. Parf. simple, *il* ou *elle échut*. Imp. cond. *il* ou *elle écherroit*. Futur simple, *il* ou *elle écherra*, *ils* ou *elles écherront*. Je n'y connois pas d'autres personnes, ni d'autres temps, si ce n'est les composés : *le terme est échu*; *les lètres sont échues*.

Cheoir, ou *choir*, participe *chu*, sont des mots familiers.

3. *Falloir*. Cet infinitif ne se dit presque plus. *Avoir fallu*. Point de présent gérondif. *Ayant fallu*. Prés. ind *il faut*. Imp ind. *il falloit*. Parf. simp. *il fallut*. Prés. subj. *qu'il faille*. Imp. subj. *qu'il fallût*. Imp. cond. *il faudroit*. Fut. simp. *il faudra*.

4. *Mouvoir*, *avoir mu*, *mouvant*. Prés. ind. *je meus*, *tu meus*, *il* ou *elle meut*; *nous mouvons*, *vous mouvez*, *ils* ou *elles meuvent*. Imp. ind. *je mouvois*, &c. Parf. simp. *je mus*, *tu mus*, *il* ou *elle mut*; *nous mûmes*, *vous mûtes*, *ils* ou *elles murent*. Prés. impérat. *meus*, *qu'il* ou *elle meuve*; *mouvons*, *mouvez*, *qu'ils* ou *elles meu-*

vent. Préf. subj. *que je meuve, que tu meuves, qu'il* ou *elle meuve; que nous mouvions, que vous mouviez, qu'ils* ou *elles meuvent.* Imp. subj. *que je musse, que tu musses, qu'il* ou *elle mût; que nous mussions, que vous mussiez, qu'ils* ou *elles mussent.* Imp. cond. *je mouvrois, &c.* Futur simp. *je mouvrai, &c.*

Émouvoir, se dit du cœur & des passions. *Promouvoir* aux charges, ne se dit qu'à l'infinitif, & aux temps composés, *il a été promu.*

5. *Pleuvoir, avoir plu, pleuvant.* Préf. ind. *il pleut.* Imp. ind. *il pleuvoit.* Parf. ind. *il plut.* Préf. subj. *qu'il pleuve.* Imp. subj. *qu'il plût.* Imp. cond. *il pleuvroit.* Fut. simp. *il pleuvra.*

6. *Pouvoir, avoir pu, pouvant.* Préf. ind. *je puis* ou *je peux, tu peux, il* ou *elle peut; nous pouvons, vous pouvez, ils* ou *elles peuvent.* Imp. ind. *je pouvois, &c.* Parf. simp. *je pus, tu pus, il* ou *elle put; nous pûmes, vous pûtes, ils* ou *elles purent.* Préf. subj. *que je puisse, que tu puisses, qu'il* ou *elle puisse; que nous puissions, que vous puissiez, qu'ils* ou *elles puissent.* Imp. subj. *que je pusse, que tu pusses, qu'il* ou *elle pût; que nous pussions, que vous pussiez, qu'ils* ou *elles pussent.* Imp. cond. *je pourrois, tu pourrois, il* ou *elle pourroit; nous pourrions, vous pourriez, ils* ou *elles pourroient.* Futur simp. *je pourrai, tu pourras, il* ou *elle pourra; nous pourrons, vous pourrez, ils* ou *elles pourront.*

7. *Savoir, avoir su* ou *sçu; sachant.* Préf. ind. *je sai* ou *sçai, tu sais* ou *sçais, il* ou *elle sait* ou *sçait; nous savons, vous savez, ils* ou *elles savent.* Imp. ind. *je savois, &c.* Parf. simp. *je sus* ou *sçus, tu sus* ou *sçus, il* ou *elle sut* ou *sçut; nous sûmes* ou *sçûmes, vous sûtes* ou *sçûtes, ils* ou *elles surent* ou *sçurent.* Préf. impér. *sache, qu'il* ou *elle sache, sachons, sachez, qu'ils* ou *elles sachent.* Préf. subj. *que je sache, que tu saches,*

qu'il ou *elle sache ; que nous sachions , que vous sachiez , qu'ils* ou *elles sachent.* Imp. subj. *que je susse* ou *sçusse , que tu susses* ou *sçusses , qu'il* ou *elle sût* ou *sçût ; que nous sussions* ou *sçussions , que vous sussiez* ou *sçussiez , qu'ils* ou *elles sussent* ou *sçussent.* Imp. cond. *je saurois , &c.* Fut. simp. *je saurai , &c.*

Je ne sache pas , se dit pour *je ne sai pas. Je ne saurois , &c.* se dit pour *je ne puis , &c.*

8. *Valoir , avoir valu , valant.* Prés. ind. *je vaux , tu vaux , il* ou *elle vaut ; nous valons , vous valez , ils* ou *elles valent.* Imp. ind *je valois , &c.* Parf. simp. *je valus , &c.* Prés. subj. *que je vaille , que tu vailles , qu'il* ou *elle vaille ; que nous valions , que vous valiez , qu'ils* ou *elles vaillent.* Imp. subj. *que je valusse , &c.* Imp. cond *je vaudrois , tu vaudrois , il* ou *elle vaudroit ; nous vaudrions , vous vaudriez , ils* ou *elles vaudroient.* Fut. simp. *je vaudrai , tu vaudras , il* ou *elle vaudra ; nous vaudrons , vous vaudrez , ils* ou *elles vaudront.*

Equivaloir & *revaloir* , font de même ; *prévaloir* aussi , excepté le prés. subj. *que je prévale , &c.*

9. *Voir , avoir vu , voyant.* Prés. ind *je vois , tu vois , il* ou *elle voit ; nous voyons , vous voyez , ils* ou *elle voient.* Imp. ind. *je voyois , tu voyois , il* ou *elle voyoit ; nous voyons , vous voyez , ils* ou *elles voyoient.* Parf. simp *je vis , tu vis , il* ou *elle vit ; nous vîmes , vous vîtes , ils* ou *elles virent.* Prés. impér. *vois , qu'il* ou *elle voye ; voyons , voyez , qu'ils* ou *elles voyent.* Prés. subj. *que je voye , que tu voyes , qu'il* ou *elle voye ; que nous voyons , que vous voyez , qu'ils* ou *elles voyent.* Imp, subj. *que je visse , que tu visses , qu'il* ou *elle vît ; que nous vissions , que vous vissiez , qu'ils* ou *elles vissent.* Imp. cond. *je verrois , tu verrois , il* ou *elle verroit ; nous verrions , vous*

verriez, *ils* ou *elles verroient*. Fut. simp. *je verrai*, *tu verras*, *il* ou *elle verra*; *nous verrons*, *vous verrez*, *ils* ou *elles verront*.

Entrevoir & *revoir*, font de même; *prévoir* aussi; mais au condit. il fait, *je prévoirois*, *&c.* & au futur, *je prévoirai*, *&c.* *Pourvoir* fait comme *voir*; mais au parf. il fait *je pourvus*, *&c.* à l'imparf. subj. *que je pourvusse*, *&c.* & les deux autres temps irréguliers aussi, comme *entrevoir* & *revoir*.

10. *Vouloir*, *avoir voulu*, *voulant*. Prés. ind. *je veux*, *tu veux*, *il* ou *elle veut*; *nous voulons*, *vous voulez*, *ils* ou *elles veulent*. Imp. ind. *je voulois*, *&c.* Parf. simp. *je voulus*, *&c.* Prés. subj. *que je veuille*, *que tu veuilles*, *qu'il* ou *elle veuille*; *que nous voulions*, *que vous vouliez*, *qu'ils* ou *elles veuillent*. Imp. subj. *que je voulusse*, *&c.* Imp. cond. *je voudrois*, *tu voudrois*, *il* ou *elle voudroit*; *nous voudrions*, *vous voudriez*, *ils* ou *elles voudroient*. Fut. simp. *je voudrai*, *tu voudras*, *il* ou *elle voudra*; *nous voudrons*, *vous voudrez*, *ils* ou *elles voudront*.

Verbes irréguliers de la quatrième Classe, *en* re.

1. *Braire* n'a que ce présent infinitif, les troisièmes personnes du prés. indic. *il* ou *elle brait*, *ils* ou *elles braient*; & celles du futur simple, *il* ou *elle braira*, *ils* ou *elles brairont*.

2. *Faire*, *avoir fait*, *fesant*. Prés. ind. *je fai* ou *je fais*, *tu fais*, *il* ou *elle fait*; *nous fesons*, *vous faites*, *ils* ou *elles font*. Imp. ind. *je fesois*, *tu fesois*, *il* ou *elle fesoit*; *nous fesions*, *vous fesiez*, *ils* ou *elles fesoient*. Parf. simp. *je fis*, *tu fis*, *il* ou *elle fit*; *nous fîmes*, *vous fîtes*, *ils* ou *elles firent*. Prés. impérat. *fais*, *qu'il* ou *elle fasse*; *fesons*, *faites*, *qu'ils* ou *elles fassent*. Prés. subj. *que je fasse*, *que tu fasses*, *qu'il* ou *elle fasse*;

que nous fassions, *que vous fassiez*, *qu'ils* ou *elles fassent*. Imparf. subj. *que je fisse*, *que tu fisses*, *qu'il ou elle fît*; *que nous fissions*, *que vous fissiez*, *qu'ils* ou *elles fissent*. Imp. cond. *je ferois*, *tu ferois*, *il* ou *elle feroit*; *nous ferions*, *vous feriez*, *ils* ou *elles feroient*. Futur simple, *je ferai*, *tu feras*, *il* ou *elle fera*; *nous ferons*, *vous ferez*, *ils* ou *elles feront*. Ecrire *faisant*, *nous faisons*, *je faisois*, *je fairois*, *je fairai*, &c. ne paroît pas bien, parceque la première syllabe de ces mots est muette, & la diphthongue ne l'est jamais; car, quoiqu'elle soit quelquefois brève, elle est même le plus souvent longue.

Contrefaire, *défaire*, *refaire*, *satisfaire*, *surfaire*, se conjuguent de même. *Forfaire*, *malfaire*, *méfaire* & *parfaire*, ne sont en usage qu'à ce présent infinitif & aux temps composés.

3. *Plaire*, *avoir plu*, *plaisant*. Prés. ind. *je plais*, *tu plais*, *il* ou *elle plaît*; *nous plaisons*, *vous plaisez*, *ils* ou *elles plaisent*. Imp. indic. *je plaisois*, *tu plaisois*, *il* ou *elle plaisoit*; *nous plaisions*, *vous plaisiez*, *ils* ou *elles plaisoient*. Parf. simp. *je plus*, *tu plus*, *il* ou *elle plut*; *nous plûmes*, *vous plûtes*, *ils* ou *elles plurent*. Impérat. *plais*, *qu'il* ou *elle plaise*; *plaisons*, *plaisez*, *qu'ils* ou *elles plaisent*. Prés. subj. *que je plaise*, *que tu plaises*, *qu'il* ou *elle plaise*; *que nous plaisions*, *que vous plaisiez*, *qu'ils* ou *elles plaisent*. Imp. subj. *que je plusse*, *que tu plusses*, *qu'il* ou *elle plût*; *que nous plussions*, *que vous plussiez*, *qu'ils* ou *elles plussent*. Imparf. cond. *je plairois*, &c. Fut. simp. *je plairai*, &c.

Complaire & *déplaire* se conjuguent de même.

4. *Traire*, *avoir trait*, *trayant*. Prés. ind. *je trais*, *tu trais*, *il* ou *elle trait*; *nous trayons*, *vous trayez*, *ils* ou *elles traient*. Imp. indic. *je trayois*, *tu trayois*, *il* ou *elle trayoit*; *nous trayons*, *vous trayez*, *ils* ou *elles trayoient*. Point

de passé défini. Préf. impérat. *Trais*, *qu'il* ou *elle traye*; *trayons*, *trayez*, *qu'ils* ou *elles trayent.* Préf. subj. *que je traye*, *que tu trayes*, *qu'il* ou *elle traye*; *que nous trayons*, *que vous trayez*, *qu'ils* ou *elles trayent.* Point d'imp. subj. Imparf. cond. *je trairois*, *&c.* Futur simple, *je trairai*, *&c.*

Atraire vieux, attirer, *distraire*, *extraire*; *rentraire*, *soustraire*, font de même.

5. *Naître*, *être né*, *en naissant.* Préf. ind. *je nais*, *tu nais*, *il* ou *elle naît. Nous naissons*, *vous naissez*, *ils* ou *elles naissent.* Imp. ind. *je naissois*, *tu naissois*, *il* ou *elle naissoit*; *nous naissions*, *vous naissiez*, *ils* ou *elles naissoient.* Parf. déf. *je naquis*, *tu naquis*, *il* ou *elle naquit*; *nous naquîmes*, *vous naquîtes*, *ils* ou *elles naquirent.* Préf. impér. *nais*, *qu'il* ou *elle naisse*; *naissons*, *naissez*, *qu'ils* ou *elles naissent.* Préf. subj. *que je naisse*, *que tu naisses*, *qu'il* ou *elle naisse*; *que nous naissions*, *que vous naissiez*, *qu'ils* ou *elles naissent.* Imp. subj. *que je naquisse*, *que tu naquisses*, *qu'il* ou *elle naquît*; *que nous naquissions*, *que vous naquissiez*, *qu'ils* ou *elles naquissent.* Imp. cond. *je naîtrois*, *&c.* Futur simp. *je naîtrai*, *&c.* *Renaître* fait de même; *paître* & *repaître* aussi; mais ces deux derniers n'ont point de parf. simp. ni d'imparf. subjonctif; & leurs temps composés ne sont en usage que dans les Fauconneries, & dans cette phrase familière, *il a pu & repu.*

6. *Paroître*, *avoir paru*, *paroissant.* Préf. ind. *je parois*, *tu parois*, *il* ou *elle paroît*; *nous paroissons*, *vous paroissez*, *ils* ou *elles paroissent.* Imp. *je paroissois*, *tu paroissois*, *il* ou *elle paroissoit*; *nous paroissions*, *vous paroissiez*, *ils* ou *elles paroissoient.* Parf. simp. *je parus*, *tu parus*, *il* ou *elle parut*; *nous parûmes*, *vous parûtes*, *ils* ou *elles parurent.* Préf. impé-

ratif, *parois*, *qu'il* ou *elle paroisse* ; *paroissons*, *paroissez*, *qu'ils* ou *elles paroissent*. Présent subj. *que je paroisse*, *que tu paroisses*, *qu'il* ou *elle paroisse* ; *que nous paroissions*, *que vous paroissiez*, *qu'ils* ou *elles paroissent*. Imp. subj. *que je parusse*, *que tu parusses*, *qu'il* ou *elle parût* ; *que nous parussions*, *que vous parussiez*, *qu'ils* ou *elles parussent*. Imp. cond. *je paroîtrois*, &c. Fut. simp *je paroîtrai*, &c.

Conjuguez de même *apparoître*, *comparoître*, *disparoître*, *reparoître*, *connoître*, *reconnoître*, *méconnoître*, *croître*, *acroître*, *décroître*, *recroître*.

7. *Peindre*, *avoir peint*, *peignant*. Prés. ind. *je peins*, *tu peins*, *il* ou *elle peint* ; *nous peignons*, *vous peignez*, *ils* ou *elles peignent*. Imp. ind *je peignois*, *tu peignois*, *il* ou *elle peignoit* ; *nous peignions*, *vous peigniez*, *ils* ou *elles peignoient*. Parf simp. *je peignis*, *tu peignis*, *il* ou *elle peignit* ; *nous peignîmes*, *vous peignîtes*, *ils* ou *elles peignirent*. Prés. impér. *peins*, *qu'il* ou *elle peigne* ; *peignons*, *peignez*, *qu'ils* ou *elles peignent*. Prés. subj. *que je peigne*, *que tu peignes*, *qu'il* ou *elle peigne* ; *que nous peignions*, *que vous peigniez*, *qu'ils* ou *elles peignent*. Imp. subj. *que je peignisse*, *que tu peignisses*, *qu'il* ou *elle peignît* ; *que nous peignissions*, *que vous peignissiez*, *qu'ils* ou *elles peignissent*. Imp. cond. *je peindrois*, &c. Fut. simp. *je peindrai*, &c. *Je peignerois*, *je peignerai*, sont du verbe *peigner*.

Conjuguez de même, *dépeindre*, *teindre*, *déteindre*, *aveindre*, *ceindre*, *atteindre*, *épreindre*, *étreindre* vieux, serrer, *astreindre*, *éteindre*, *craindre*, *contraindre*, *plaindre*, *joindre*, *disjoindre*, *oindre*, *poindre* d'un usage borné, pour piquer, & pour commencer à paroître.

8. *Prendre*, *avoir pris*, *prenant*. Prés. ind. *je prends*, *tu prends*, *il* ou *elle prend* ; *nous prenons*,

vous prenez, *ils* ou *elles prennent*. Imp. ind. *je prenois*, *tu prenois*, *il* ou *elle prenoit* ; *nous prenions*, *vous preniez*, *ils* ou *elles prenoient*. Parf. simp. *je pris*, *tu pris*, *il* ou *elle prit* ; *nous prîmes*, *vous prîtes*, *ils* ou *elles prirent*. Prés. impér. *prends*, *qu'il* ou *elle prenne* ; *prenons*, *prenez*, *qu'ils* ou *elles prennent*. Prés. subj. *que je prenne*, *que tu prennes*, *qu'il* ou *elle prenne* ; *que nous prenions*, *que vous preniez*, *qu'ils* ou *elles prennent*. Imp. subj. *que je prisse*, *que tu prisses*, *qu'il* ou *elle prît* ; *que nous prissions*, *que vous prissiez*, *qu'ils* ou *elles prissent*. Imp. cond. *je prendrois*, &c. Fut. simp. *je prendrai*, &c.

Aprendre, *comprendre*, *déprendre*, *désaprendre*, *entreprendre*, *se méprendre*, *reprendre*, *surprendre*, font de même.

9. *Metre*, *avoir mis*, *mettant*. Prés. ind. *je mets*, &c. Parf. simp. *je mis*, *tu mis*, *il* ou *elle mit* ; *nous mîmes*, *vous mîtes*, *ils* ou *elles mirent*. Prés. imp. *mets*, &c. Prés. subj. *que je mette*, &c. Imp. subj. *que je misse*, *que tu misses*, *qu'il* ou *elle mît* ; *que nous missions*, *que vous missiez*, *qu'ils* ou *elles missent*. Imp. cond. *je métrois*, &c. Fut. simp. *je métrai*, &c. *Admetre*, *commetre*, *comprometre*, *démetre*, *entremetre*, *ometre*, *permetre*, *prometre*, *soumettre*, *transmetre*, font de même.

10. *Dire*, *avoir dit*, *disant*. Prés ind. *je dis*, *tu dis*, *il* ou *elle dit* ; *nous disons*, *vous dites*, *ils* ou *elles disent*. Imparfait indicatif, *je disois*, *tu disois*, *il* ou *elle disoit* ; *nous disions*, *vous disiez*, *ils* ou *elles disoient*. Le parf. simp. est régulier, si ce n'est qu'il faut y ajouter un *i* de moins, suivant la table. *Je dis*, *tu dis*, *il* ou *elle dit* ; *nous dîmes*, *vous dîtes*, *ils* ou *elles dirent*. Prés. impér. *dis*, *qu'il* ou *elle dise* ; *disons*, *dites*, *qu'ils* ou *elles disent*. Prés. subj. *que je dise*, *que tu dises*, *qu'il* ou *elle dise* ; *que nous disions*, *que*

vous disiez, *qu'ils* ou *elles disent*. Imp. subj. *que je disse*, *que tu disses*, *qu'il* ou *elle dît*; *que nous dissions*, *que vous dissiez*, *qu'ils* ou *elles dissent*. Imp. cond. *je dirois*, &c. Fut. simp. *je dirai*, &c. *Redire* fait de même.

Contredire, *confire*, *dédire*, *interdire*, *médire*, *prédire*, se conjuguent comme *dire*, excepté à la seconde inflexion plurière du prés. indic. *contredisez*, *confisez*, *dédisez*, *interdisez*, *médisez*, *prédisez*. *Circoncire* & *suffire* font aussi comme *contredire*; mais le participe du premier est *circoncis*, & celui du second est *suffi*.

Maudire, *avoir maudit*, *maudissant*. Prés. ind. *je maudis*, *tu maudis*, *il* ou *elle maudit*; *nous maudissons*, *vous maudissez*, *ils* ou *elles maudissent*. Imp. ind. *je maudissois*, &c. Parf. simp. *je maudis*, &c. Prés. impér. *maudis*, *qu'il* ou *elle maudisse*; *maudissons*, *maudissez*, *qu'ils* ou *elles maudissent*. Prés. subj. *que je maudisse*, *que tu maudisses*, *qu'il* ou *elle maudisse*; *que nous maudissions*, *que vous maudissiez*, *qu'ils* ou *elles maudissent*. Imp. subj. *que je maudisse*, *que tu maudisses*, *qu'il* ou *elle maudît*; *que nous maudissions*, *que vous maudissiez*, *qu'ils* ou *elles maudissent*. Imp. cond. *je maudirois*, &c. Fut. simp. *je maudirai*, &c.

11. *Écrire*, *avoir écrit*, *écrivant*. Prés. ind. *j'écris*, *tu écris*, *il* ou *elle écrit*; *nous écrivons*, *vous écrivez*, *ils* ou *elles écrivent*. Imp. ind. *j'écrivois*, &c. Parf. simp. *j'écrivis*, &c. Prés. impérat. *écris*, *qu'il* ou *elle écrive*; *écrivons*; *écrivez*, *qu'ils* ou *elles écrivent*. Prés. subj. *que j'écrive*, &c. Imp. subj. *que j'écrivisse*, &c. Imp. cond. *j'écrirois*, &c. Fut. simp. *j'écrirai*, &c. *Circonscrire*, *inscrire*, *prescrire*, *proscrire*, *récrire*, *souscrire*, se conjuguent de même.

12. *Frire*, *avoir frit*, *fesant frire*. Prés. ind. *je fais frire*, &c. Imp. ind. *je fesois frire*, &c.

Parf. simp. *j'ai frit*, *&c.* Plusqueparf. ind. *j'avois frit*, *&c.* Impérat. *fris*. Les autres personnes ne sont pas d'usage. Prés. subj. *que je fasse frire*, *&c.* Imp. subj. *que je fisse frire*, *&c.* Parf. subj. *que j'aye frit*, *&c.* Imp. cond. *je friroiſ*, *&c.* Fut. simp. *je frirai*, *&c.* Il faut qu'on ait dit autrefois au prés. indic. *je fris*, *tu fris*, *il* ou *elle frit*, suivant le proverbe, *ris-t'en*, *Jean*, *on te frit des œufs*.

13. *Lire*, *avoir lu*, *lisant*. Prés. ind. *je lis*, *tu lis*, *il* ou *elle lit*; *nous lisons*, *vous lisez*, *ils* ou *elles lisent*, Imp. ind. *je lisois*, *&c.* Parf. simp. *je lus*, *tu lus*, *il* ou *elle lut*; *nous lûmes*, *vous lûtes*, *ils* ou *elles lurent*. Prés. impér. *lis*, *qu'il* ou *elle lise*; *lisons*, *lisez*, *qu'ils* ou *elles lisent*, Prés. subj. *que je lise*, *&c.* Imp. subj. *que je lusse*, *que tu lusses*, *qu'il* ou *elle lût*; *que nous lussions*, *que vous lussiez*, *qu'ils* ou *elles lussent*. Imp. cond. *je liroiſ*, *&c.* Fut. simp. *je lirai*, *&c.* *Relire* & *élire* font de même.

14. *Rire*, *avoir ri*, *en riant*. Prés. ind. *je ris*, *tu ris*, *il* ou *elle rit*; *nous rions*, *vous riez*, *ils* ou *elles rient*. Imp. ind. *je riois*, *tu riois*, *il* ou *elle rioit*; *nous riions*, *vous riiez*, *ils* ou *elles rioient*. Parf. simp. *je ris*, *tu ris*, *il* ou *elle rit*; *nous rîmes*, *vous rîtes*, *ils* ou *elles rirent*. Prés. impér. *ris*, *qu'il* ou *elle rie*; *rions*, *riez*, *qu'ils* ou *elles rient*. Prés. subj. *que je rie*, *que tu ries*, *qu'il* ou *elle rie*; *que nous riions*, *que vous riiez*, *qu'ils* ou *elles rient*. Imparfait subjonctif, *que je risse*, *que tu risses*, *qu'il* ou *elle rît*; *que nous rissions*, *que vous rissiez*, *qu'ils* ou *elles rissent*. Imparfait cond, *je riroiſ*, *&c.* Fut. simp. *je rirai*, *&c.* *Sourire* fait de même

15. *Boire*, *avoir bu*, *buvant*. Prés. ind. *je bois*, *tu bois*, *il* ou *elle boit*; *nous buvons*, *vous buvez*, *ils* ou *elles boivent*. Imp. *je buvois*, *tu buvois*, *il* ou *elle buvoit*, *nous buvions*, *vous bu-*

viez, *ils* ou *elles buvoient*. Passé défini, *je bus*, *tu bus*, *il* ou *elle but*; *nous bûmes*, *vous bûtes*, *ils* ou *elles burent*. Prés. impér. *bois*, *qu'il* ou *elle boive*; *buvons*, *buvez*, *qu'ils* ou *elles boivent*. Prés. subj. *que je boive*, *que tu boives*, *qu'il* ou *elle boive*; *que nous buvions*, *que vous buviez*, *qu'ils* ou *elles boivent*. Imp. subj. *que je busse*, *que tu busses*, *qu'il* ou *elle bût*; *que nous bussions*, *que vous bussiez*, *qu'ils* ou *elles bussent*. Imp. condit. *je boirois*, *&c.* Fut. simp. *je boirai*, *&c.* *Reboire* en fait de même.

16. *Bruire*, *bruyant*. Imp. ind. *il* ou *elle bruyoit*, *ils* ou *elles bruyoient*. Il manque de tout le reste.

Luire, *avoir lui*, *luisant*. Prés. ind. *je luis*, *tu luis*, *il* ou *elle luit*; *nous luisons*, *vous luisez*, *ils* ou *elles luisent*. Imp. ind. *je luisois*, *tu luisois*, *il* ou *elle luisoit*; *nous luisions*, *vous luisiez*, *ils* ou *elles luisoient*. Passé défini, *je luisis*, *&c.* peu usité. Imp. *luis*, *qu'il* ou *elle luise*; *luisons*, *luisez*, *qu'ils* ou *elles luisent*. Prés. subj. *que je luise*, *que tu luises*, *qu'il* ou *elle luise*; *que nous luisions*, *que vous luisiez*, *qu'ils* ou *elles luisent*. Imp. subj. *que je luisisse*, *que tu luisisses*, *qu'il* ou *elle luisît*; *que nous luisissions*, *que vous luisissiez*, *qu'ils* ou *elles luisissent*. Imp. cond. *je luirois*, *&c.* Fut. simp. *je luirai*, *&c.* *Reluire* & *nuire* font de même, ainsi que les suivants, *cuire*, *conduire*, *duire* vieux, *éconduire*, *enduire*, *induire*, *introduire*, *réduire*, *reconduire*, *déduire*, *séduire*, *traduire*, *construire*, *détruire*, *instruire*; mais leur participe finit par un *t*: *avoir cuit*, ou *avoir fait cuire*, *avoir conduit*, *&c.*

17. *Suivre*, *avoir suivi*, *en suivant*. Prés. ind. *je suis*, *tu suis*, *il* ou *elle suit*; *nous suivons*, *vous suivez*, *ils* ou *elles suivent*. Imp. *je suivois*, *&c.* Passé défini, *je suivis*, *&c.* Prés. impérat. *suis*, *qu'il* ou *elle suive*; *suivons*, *suivez*, *qu'ils* ou

ou *elles suivent*. Préſ. subj. *que je suive*, *&c.* Imp. subj. *que je suiviſſe*, *&c.* Imp. cond. *je suivroiſ*, *&c.* Fut. simp. *je suivrai*, *&c. S'ensuivre* & *poursuivre* font de même.

18. *Vivre*, *avoir vécu*, *vivant*. Préſ. ind. *je vis*, *tu vis*, *il* ou *elle vit*; *nous vivons*, *vous vivez*, *ilſ* ou *elles vivent*. Imp. ind. *je vivoiſ*, *&c.* Parf. éloigné, *je vécus*, *je véquis* vieux, *&c. tu vécus*, *il* ou *elle vécut*; *nous vécûmes*, *vous vécûtes*, *ilſ* ou *elles vécurent*. Préſ. impér. *vis*, *qu'il* ou *elle vive*; *vivons*, *vivez*, *qu'ilſ* ou *elles vivent*. Préſ. subj. *que je vive*, *&c.* Imp. subj. *que je vécusse*, vieux *véquisse*, *&c. que tu vécuſses*, *qu'il* ou *elle vécût*; *que nous vécussions*, *que vous vécussiez*, *qu'ilſ* ou *elles vécussent*. Imp. cond. *je vivraiſ*, *&c.* Futur sim. *je vivrai*, *&c. Revivre*, & *survivre* se conjuguent de même.

Vaincre & *convaincre* sont réguliers; maiſ ils changent le *c* en *qu* avant *e* & *i*, pour garder la même prononciation du palais de la bouche, *que je vainque*, *je vainquis*, *que je vainquisse*: avant *a* & *o* on devroit laisser le *c* radical; maiſ on écrit *vainquant*, *nous vainquons*, sans nécessité; *vaincant*, *vainçons* seroient conformeſ à l'origine du verbe.

19. *Clorre*, *avoir clos*, sans gérondif. Préſ. ind. *je clos*, *tu clos*, *il* ou *elle clot*, sans plurier. Imp. condit. *je clorroiſ*, *&c.* Fut. simp. *je clorrai*, *&c.* Il n'a pas d'autres temps, si ce n'est les composés. *Enclorre* & *renclorre* font de même.

Éclorre, *être éclos*, sans gérondif. Préſ. ind. *il éclot*, *ilſ éclosent*. Préſ. subj. *qu'il éclose*, *qu'ilſ éclosent*. Imp. cond. *il éclorroit*, *ilſ éclorroient*. Fut. simp. *il éclorra*, *ilſ éclorront*. Il n'y a pas d'autres personnes, ni d'autres temps que les composés: *il est éclos*, *ils sont éclos*.

20. *Coudre*, *avoir cousu*, *cousant*. Préſ. ind. *je couds*, *tu couds*, *il* ou *elle coud*; *nous cousons*,

vous cousez, *ils* ou *elles cousent*, & non pas *nous coudons*, *&c.* Imp. *je cousois*, *tu cousois*, *il* ou *elle cousoit*; *nous cousions*, *vous cousiez*, *ils* ou *elles cousoient.* Passé défini, *je cousis*, *tu cousis*, *il* ou *elle cousit*; *nous cousîmes*, *vous cousîtes*, *ils* ou *elles cousirent*, & non *je cousus*, *&c.* Prés. impérat. *couds*, *qu'il* ou *elle couse*; *cousons*, *cousez*, *qu'ils* ou *elles cousent.* Prés. subj. *que je couse*, *que tu couses*, *qu'il* ou *elle couse*; *que nous cousions*, *que vous cousiez*, *qu'ils* ou *elles cousent.* Imp. subj. *que je cousisse*, *que tu cousisses*, *qu'il* ou *elle cousît*; *que nous cousissions*, *que vous cousissiez*, *qu'ils* ou *elles cousissent*, & non *je coususse.* Imp. condit. *je coudrois*, *&c.* Fut. simp. *je coudrai*, *&c.* & l'on ne dit pas, *je couserois*, *je couserai*, *&c. Découdre* & *recoudre* font de même.

21. *Absoudre*, *avoir absous*, fém. *absoute*; *absolvant.* Présent indicatif, *j'absous*, *tu absous*, *il absout*; *nous absolvons*, *vous absolvez*, *ils absolvent.* Imp. ind. *j'absolvois*, *&c.* sans passé défini, & sans imparfait subj. Prés. impér. *absous*, *qu'il absolve*; *absolvons*, *absolvez*, *qu'ils absolvent.* Prés. subj. *que j'absolve*, *que tu absolves*, *qu'il absolve*; *que nous absolvions*, *que vous absolviez*, *qu'ils absolvent.* Imp. cond. *j'absoudrois*, *&c.* Fut. simp. *j'absoudrai*, *&c. Dissoudre* fait de même. *Soudre* ne se dit qu'à l'infinitif, *soudre la difficulté.*

Résoudre, *avoir résolu*, *être résolu*, déterminé. *Avoir résous*, changé en quelque autre mixte, terme de Chymie. Ce verbe fait comme *absoudre*, & a de plus le passé défini; *je résolus*, *tu résolus*, *il* ou *elle résolut*; *nous résolûmes*, *vous résolûtes*, *ils* ou *elles résolurent.* Et l'imp. subj *que je résolusse*, *que tu résolusses*, *qu'il* ou *elle résolût*; *que nous résolussions*, *que vous résolussiez*, *qu'ils* ou *elles résolussent.*

22. *Moudre, avoir moulu, moulant.* Préſ. ind. *je mouds, tu mouds, il* ou *elle moud; nous moulons, vous moulez, ilſ* ou *elles moulent.* Imp. ind. *je moulois, tu moulois, il* ou *elle mouloit; nous moulions, vous mouliez, ilſ* ou *elles mouloient.* Parf. simp. *je moulus, tu moulus, il* ou *elle moulut; nous moulûmes, vous moulûtes, ilſ* ou *elles moulurent.* Préſ. imper. *mouds, qu'il* ou *elle moule; moulons, moulez, qu'ilſ* ou *elles moulent.* Préſ. subj. *que je moule, que tu moules, qu'il* ou *elle moule; que nous moulions, que vous mouliez, qu'ilſ* ou elles *moulent.* Imp. subj. *que je moulusses, que tu moulusses, qu'il* ou *elle moulût; que nous moulussions, que vous moulussiez, qu'ilſ* ou *elles moulussent.* Imp. cond. *je moudroiſ, &c.* Fut. simp. *je moudrai, &c. Emoudre* & *remoudre* font de même.

23. *Conclure, avoir conclu, concluant.* Préſ. ind. *je conclus, tu conclus, il* ou *elle conclud; nous concluons, vous concluez, ilſ* ou *elles concluent.* Imp. ind. *je concluoiſ, &c. nous concluïons, vous concluïez, ilſ* ou *elles concluoient.* Parf. simp. *je conclus, tu conclus, il* ou *elle conclut; nous conclûmes, vous conclûtes, ilſ* ou *elles conclurent.* Préſ. imp. *conclus, qu'il* ou *elle conclue; concluons, concluez, qu'ilſ* ou *elles concluent.* Préſ. subj. *que je conclue, que tu conclues, qu'il* ou *elle conclue; que nous concluïons que vous concluïez, qu'ilſ* ou *elles concluent.* Imp. subj. *que je conclusse, que tu conclusses, qu'il* ou *elle conclût; que nous conclussions; que vous conclussiez, qu'ilſ* ou *elles conclussent.* Imp cond. *je concluroiſ, &c.* Fut. simp. *je conclurai, &c. Exclure* fait de même, si ce n'est que son participe féminin est *excluſe* ou *exclue.*

24. *Courre* se dit quelquefois, *courre la poste, courre le cerf.* Voyez *Courir.*

Des Adverbes.

L'Adverbe, troisième & dernière partie du discours grammatical, signifie les circonstances qui accompagnent les verbes & les noms, desquelles les principales sont, le doute, l'interrogation, l'affirmation, la négation, le temps, le lieu, la quantité, la qualité, la manière, le nombre & l'ordre. Ces circonstances s'expriment par autant d'espèces d'adverbes consistant ou en un seul mot, ou en plusieurs, comme lorsqu'on joint un nom & son article, ou un nom & un verbe, d'une manière invariable, ce qu'on appelle des manières ou expressions adverbiales.

Les adverbes sont encore différents entr'eux par les différents rapports & par les différentes significations qu'ils ont. Car, quoique tous les adverbes se rapportent aux verbes d'où est venu leur nom, & qu'ils signifient tous quelque circonstance; les uns cependant signifient ces circonstances immédiatement, & ce sont les *adverbes* proprement dits; d'autres signifient ces circonstances, moyennant un nom substantif sans article, ou avec l'article simple, ou composé & varié, & ces adverbes s'appellent *prépositions*; d'autres servent pour lier ensemble les mots, les phrases & les périodes, d'où leur est venu le nom de *conjonctions*; d'autres enfin signifient les mouvements prompts de l'ame; & parcequ'ils sont interjettés dans le discours, dont ils interrompent pour un instant le fil & la suite, on les a nommés *interjections*.

Adverbes de Doute, d'Interrogation, d'Affirmation, & de Négation.

Par hazard; *peut-être. Pourquoi? est-ce que....? comment? Oui; vraiment oui; vrai; à vrai dire; en vérité; à la vérité; sans mentir, sûrement; sans doute; sans doute que oui; je dis que oui. Non; non pas; non pas moi; non sûrement; vraiment non; je dis que non; ne.... pas; ne.... point; je ne crois pas; il ne viendra point; ni; ni les uns ni les autres; nullement; point du tout.*

Adverbes de Temps, de Lieu, de Quantité, de Qualité & de Manière.

Quand, autrefois, ci-devant, ci-après, n'a guères, tantôt n'a guères, *tantôt* bientôt, *dans peu, dans deux heures, dans un an, dans la semaine, en deux heures, en un an, en une semaine, avant, après, à présent, d'abord, sur-le-champ, au commencement, aussi-tôt, tout aussi-tôt, à cette heure, tout à l'heure, de bonne heure, tard, ce matin, de bon matin, aujourd'hui, ce soir, cette nuit, demain, hier, hier matin, avanthier,* & non *avantshier, dès-à-présent, alors, dès lors, lors de... lorsque... quelquefois, souvent, de temps en temps, tous les jours, de jour en jour, de deux jours l'un, jamais, à jamais, toujours, y, &c.*

*Où, d'où, par où, ici, d'ici, par ici, ici-bas, là, de là, par là, là-*haut, *là-bas, d'ici là, en deçà, au delà, en* haut, *au dessus, en bas, au dessous, à droit, à gauche, devant, derrière, dedans, en dedans, dehors, en dehors, au dehors, de part & d'autre, de tous côtés, par tout, nulle part, ailleurs, d'ailleurs, par ailleurs, à* *part*, *à l'écart*, *près*, *de près*, *loin*, *de loin*, *aux environs*, *vis à vis*, *y*, *en*, *&c.*

Combien, *bien*, *beaucoup*, *de beaucoup*, *à beaucoup près*, *peu*, *de peu*, *à peu près*, *bien riche*, *fort bien*, *très heureux*, *assez*, *à demi*, *presque*, *environ*, *trop*, *tant*, *autant*, *tout autant que ...* & non *autant comme*, *aussi*, *si*, *si grand*, *aussi bien que ...* & non *comme*, *du tout*, *tout à la fois*, *entièrement*, *point du tout*, *tout au long*, *tout de son long*, *en gros*, *en détail*, *plus*, *tout au plus*, *d'autant plus*, *de plus en plus*, *beaucoup plus*, *à plus forte raison*, *plus on désire*, *& plus on est pauvre*, *davantage*, *moins*, *bien moins*, *du moins*, *au moins*, *pour le moins*, *tout au moins*, *point*, *point du tout*, *&c.*

A l'aise, *à mon aise*, *à votre aise*, *à son aise*, *à leur aise*, *à loisir*, *doucement*, *sans se presser*, *à l'aveuglette*, *à la sourdine*, *à mon insu*, *à couvert*, *à découvert*, *à chaudes larmes*, *fondant en larmes*, *les larmes aux yeux*, *à gorge déployée*, *à bride abattue*, *à corps perdu*, *à tour de bras*, *à ventre déboutonné*, *ainsi*, *ainsi que*, *aussi que*, & non *ainsi comme*, ni *aussi comme*, *à bonnes enseignes*, *à tort*, *bien*, *mieux*, *fort bien*, *très bien*, *bien mieux*, *beaucoup mieux*, *mal*, *pis*, & non *pire*, *bien mal*, *fort mal*, *très mal*, *bien pis*, & l'on ne dit pas *aussi pis*; car *pis* signifie excès, & *aussi* égalité; *tant pis*, & non *tant pire*, *tant mieux*, *là là*, *passablement*, *de même*, *tout de même*, *volontiers*, *de bon cœur*, *très volontiers*, *de grand cœur*, *de tout mon cœur*, *à regret*, *à contre-cœur*, *malgré moi*, *malgré lui*, *en dépit de moi*, *à mon gré*, *à son gré*, *à leur gré*, *du coin de l'œil*, *entre quatre yeux*, *en cachette*, *à la dérobée*, *à découvert*, *fort*, *de plus belle*, *passionnément*, *éperdument*, *à genoux*, *debout*, *à la renverse*, *sur le ventre*, *acroupi*, *ie*, *is*, *ies*; ce participe tient lieu du vieux adverbe *acroupeton ; à quatre pieds, à pied, à clochepied, en boitant, à tâtons, paſ à pas, à la lètre, à la volée, à tire d'aile, en l'air, à toutes rames, tout d'une haleine, tout* haut, *tout baſ, &c.*

Adverbes de Nombre & d'Ordre.

Combien de fois ? une fois, deux foiſ, &c. premièrement, secondement, troiſièmement, &c. avant toutes choſes, ensuite, après tout, au bout du compte, de suite, tout de suite, consécutivement, ensemble, en troupe, à la file, pêle mêle, au ha*zard, sens dessus dessous, de fond en comble, tour à tour, réciproquement, mutuellement, en échange, encore, paſ encore, &c.*

Observations sur les Adverbes.

Un grand nombre d'adverbes, sur-tout de manière, se terminent en *ment*, & se forment deſ adjectifs terminéſ au masculin par une voyèle, en y ajoutant cette syllabe, comme *sagement, justement, sévèrement, admirablement, joliment, poliment, gaiment, vraiment*, deſ adjectifs *sage, juste, sévère, admirable, joli, poli, gai, vrai ;* on dit même *gentiment*, parceque la consonne *l* ne se prononce pas dans *gentil.*

Mais si l'adjectif se termine au masculin par une consonne, comme *blanc, net, droit, grand, bon, heureux ;* l'adverbe se forme du féminin, en y ajoutant la syllabe *ment*, ainsi, *blanchement, nettement, droitement, grandement, bonnement, heureuſement.*

Leſ adjectifs *beau, nouveau, fou, mou, vieux*, forment aussi l'adverbe de leur féminin, *bellement, follement, nouvellement, mollement, vieillement.*

L'*é* qui précede la syllabe *ment* est accentué &

aigu, non seulement lorsque l'adjectif se termine ainsi, comme *aisément*, *sensément*, *modérément*; mais encore dans quelques autres qui finissent par un *e* muet, comme *aveugle*, *commune*, *commode*, *conforme*, qui font *aveuglément*, *communément*, *commodément*, *conformément*, *&c.*

Les adjectifs terminés en *ant* forment l'adverbe en changeant *ant* en *amment*; ainsi l'on dit *constamment*, *élégamment*, de *constant*, *elégant*; & ceux en *ent* changent cette syllabe en *emment*, ainsi de *prudent*, *éloquent*, se forment *prudemment*, *éloquemment*, *&c.* Il faut excepter *lent* & *présent*, dont il faut prendre le féminin, & ajouter *ment*, selon la règle générale, *lentement*, *présentement*.

Des Prépositions.

Il y a deux sortes de prépositions, savoir; séparables, & inséparables. Les prépositions inséparables sont certaines particules qui demeurent toujours attachées au commencement de quelques noms & de quelques verbes, qui par-là sont composés, & changent de signification; telles sont *de*, *im*, *me*, *pre*, *re*, qui ne signifient rien, & ne sont jamais employées toutes seules; mais jointes aux noms *route*, *position*, *prise*, *caution*, *capitulation*, *impression*, elles forment d'autres noms qui ont une signification différente, *déroute*, *déposition*, *imposition*, *méprise*, *reprise*, *précaution*, *récapitulation*, *réimpression*; jointes aux verbes *faire*, *poser*, *prendre*, *cautionner*, *capituler*, *imprimer*, elles forment les verbes *défaire*, *refaire*, *imposer*, *déposer*, *déprendre*, *reprendre*, *méprendre*, *précautionner*, *récapituler*, *réimprimer*, *&c.*

Les prépositions séparables sont des particules qui demandent à être suivies d'un nom ou d'un verbe pris comme un nom, sanſ article, ou avec l'article, ou avec une autre préposition, & cette suite s'appelle leur régime, qui détermine le rapport général de chaque préposition, comme le substantif détermine celui du nom adjectif.

Parmi les prépositions séparables, leſ unes signifient la situation, comme *chez*, *dans*, *devant*, *derrière*, *parmi*, *entre*, *sous*, *sur*, *vers*; *chez vous*, *chez les Grècs*, *dans moi*, *dans la rue*, *devant le Juge*, *parmi les Savants*, *derrière la porte*, *sous le manteau*, *sur la table*, *vers la source du Rhône*, *entre nous*, *entre Pariſ & Compiegne.*

D'autres expriment l'ordre, comme *avant*, *après*, *entre*, *depuis*, *jusques*; *avant midi*, *avant leſ autres*, *après matines*, *après la Messe*, *entre les colonnes*, *depuis Notre-Dame jusqu'à Saint-Denys.*

D'autres expriment union & conformité, comme *avec*, *durant*, *outre*, *selon*, *suivant*; *avec meſ amis*, *durant* ou *pendant la guerre*, *sa vie durant*, *outre la paie*, *selon Aristote*, *suivant votre calcul*. Ne dites jamaiſ, *il a emprunté de l'argent*, *& s'est en allé avec*; car les prépositions doivent être ſuivies de leur régime : *il s'est en allé avec l'argent*, ou *sans rendre l'argent*, *qu'il a emprunté*.

D'autres marquent séparation & exclusion, comme *excepté*, *hors*, *hormis*, *près*, *sans* : *excepté*, hors, hormis *leſ impies*, *à celà près nous sommes d'accord*, *sanſ un ordre précis.*

D'autres énoncent opposition, comme *contre*, *malgré*, *nonobstant* : *contre tous*, *malgré lui*, *nonobstant celà.*

D'autres déſignent le but, comme, *envers*,

pour, touchant : envers son prochain, pour parvenir aux dignités, touchant votre affaire.

Enfin, *loin* & *près* marquent la distance : *loin de la mer, près de la montagne.*

Il y a des prépositions qui en régissent d'autres : *peindre d'après nature ; les Anges sépareront les bons d'avec les méchants ; la partie d'en bas soutient celle d'en* haut, *à l'égard des arbres & des édifices ; mais en fait de gouvernement c'est tout le contraire : tirer d'entre les mains des ennemis ; en sortant de chez vous ; de par le Roi ; il est entré par-tout, excepté dans le cabinet ; quant à celà, &c.*

On nomme aussi prépositions des expressions composées d'une préposition, d'un nom, & d'une autre préposition, comme, *à côté de, à couvert de, au dessus de, au dessous de, en faveur de, en présence de ;* mais à la rigueur, on ne devroit pas les appeller ainsi, puisque la préposition consiste en un seul mot.

Des Conjonctions.

Nous avons dit que les adverbes de la troisième espèce s'appellent conjonctions, parce-qu'ils joignent ensemble les mots, les phrases & les périodes.

Il y a des conjonctions copulatives qui joignent les objets en une même idée, comme, *&, ainsi que, non plus que, comme aussi, ni : il ne fait ni froid, ni chaud ; les devoirs de Chrétien & ceux de citoyen ne sont pas opposés les uns aux autres.*

Il y en a de disjonctives qui séparent les idées, quoiqu'elles joignent toujours les mots, les phrases & les périodes : par exemple, *ou, tantôt ... tantôt ; soit ... soit ... il faut obéir à son Prince, ou renoncer à la qualité d'honête homme ; soit que nous croyons en Dieu, soit que nous n'y croyons pas, nous paroîtrons devant lui pour être jugés.*

D'autres sont conditionnelles & énoncent une condition, comme, *en cas que, quand même, si, à moins de, à moins que, sauf : en cas que celà arrivât, nous serions toujours à temps d'agir.*

D'autres conjonctions s'appellent causales, parcequ'elles marquent la cause, comme, *car, à cause que, parceque, puisque : je n'ai pu vous aller voir, parceque, à cause que*, & non comme dit le peuple, *par rapport à ce que, j'ai eu beaucoup d'occupation.*

D'autres se nomment finales, parcequ'elles marquent la fin, comme, *pour que, afin que : je vous avertis, pour que vous ne soyez pas surpris, ni trompé.*

D'autres adversatives, qui marquent opposition, comme *encore que, bien que, quoique, néanmoins, cependant, toutefois, mais : quoique vous ayez de l'esprit, vous serez cependant méprisé & malheureux, si vous n'avez pas soin de l'orner des connoissances utiles à la société, & des vertus nécessaires au salut : elle est belle & pauvre, mais elle est vertueuse.* Le peuple dit, *quoique celà* tout court. Les conjonctions ne régissent ni noms, ni pronoms ; il faut dire, *nonobstant celà, malgré celà* ; ou ajouter un verbe, *quoique celà soit, &c.*

D'autres augmentatives, comme, *de plus, d'ailleurs, encore : les bonnes études sont non-seulement utiles, mais encore agréables : j'ai affaire à un honête homme ; d'ailleurs il est riche, je ne risque rien.*

D'autres sont extensives, & signifient étendue, comme, *aussi*, *encore*, *même*, *tant*, *non plus : cette expression est d'usage, tant en prose qu'en vers : vous me donnez un bon conseil, aussi vai-je le suivre sans délai.* Quelqu'un qui tomba de cheval dit, *aussi bien voulois-je descendre.*

D'autres sont transitives, & joignent les passages que l'on fait d'une chose à une autre, comme, *au reste*, *du reste*, *or*, *pour*, *quant. Voilà deux points trèsimportants de décidés ; pour le troisième, quant au troisième, il faut attendre quelques jours, car la discussion n'en est pas facile.*

D'autres signifient le temps, comme, *quand*, *lorsque*, *dès que*, *aussi-tôt que*, *pendant que*, *tandis que : dès que j'aurai lu mes lètres, je vous aprendrai ce qui s'est passé : lorsque vous apercevrez le signal, partez tout de suite.* Ne dites pas *quand & quand*, ni *quand & moi*, *&c.* Dites : *en même temps*, *en même temps que moi*, *&c.*

D'autres servent à expliquer, comme, *savoir*, *c'est-à-dire*, *comme*, *en tant que*, *sur-tout*, *en : il est ami de tout le monde, mais sur-tout des gens qui pensent bien : il s'est défendu en brave, & il a pardonné en Chrétien.*

D'autres enfin sont conclusives, comme, *donc*, *ainsi*, *c'est pourquoi*, *par conséquent : l'homme est né pour travailler, donc il ne doit pas demeurer oisif : la Loi y est formelle, par conséquent il faut l'exécuter.*

Des Interjections.

Les interjections signifient des transports de joie, de tristesse, de plaisir, de douleur, &c. & à cette dernière espèce d'adverbes se réduisent encore certains cris que l'on fait pour avertir, pour

pour appeller, pour encourager, pour chasser, &c. comme,

Ah ! ha ! ahi ! hé ! hélas ! eh mon Dieu ! ah Seigneur ! eh bien ! bien ! bon ! bon bon ! c'est bien dit ! c'est bien fait ! celà est bon ! à merveille ! comme celà n'est-ce pas ? allons !

Voilà qui est beau ! fi fi ! au diantre ! quoi ! quelle honte ! comment ! oh ! èh ! zest ! dehors ! loin d'ici ! ouais !

Hei ! ho ! holà ! parlez donc ! paix paix ! silence ! doucement ! tout beau !

Gare, gare ! gare l'eau ! prenez garde ! au feu, au feu ! au voleur, au voleur ! au guet ! au meurtre ! place ! rangez-vous ! arrêtez, arrêtez ! arrêtez-vous ! çà ! gai ! sus donc ! à Dieu !

De l'Orthographe.

Quelque difficile que soit l'orthographe françoise, il suffit de repasser attentivement la prononciation, la déclinaison & la conjugaison, pour se metre au fait de la manière d'écrire toutes ces différentes terminaisons des masculins & des féminins des noms, des pronoms & des participes, & des inflexions des verbes, tant au singulier qu'au plurier. Il ne nous reste donc qu'à traiter brièvement du redoublement des consonnes, de l'accent, de l'apostrophe, du tréma, du trait d'union, de la ponctuation & des lètres capitales; sans répéter ennuyeusement les temps, les personnes, les genres & les nombres, qui sont assez expliqués en leur place.

Du Redoublement des Consonnes.

On a retranché au commencement de ce siècle, dans plusieurſ ouvrages, l'une des lètres doubles qui ne se prononcent paſ, & qui avoient été introduites dans la langue, ou suivant l'étymologie, comme *appeller*, *appréhender*, *syllabe;* ou contre l'étymologie, comme *voyelle*, *personne*, *homme*, *honneur.* Cette orthographe étoit utile, parcequ'elle peignoit bien le son des consonneſ, *apeler*, *apréhender*, *sylabe*, *voyèle*, *persone*, *home*, *honeur*, & qu'elle les distinguoit de celles qui doivent sonner, comme danſ *illustre*, *Apollon*, *immortel*; *inné.* Cependant la plupart des Gens de lètres l'ont rejettée, parcequ'elle choquoit la vue, & que les meilleurſ Auteurs du siècle passé, & presque tous ceux du nôtre, écrivent indifféremment les deux consonnes, soit qu'elles se prononcent, soit qu'elles ne se prononcent pas. Mais depuis quelqueſ années le goût de retrancher a repris; l'Académie même, dans son Dictionnaire, édition de 1762, a retranché nombre de ces consonneſ inutileſ à la prononciation, quoiqu'elle en ait laissé à peu prèſ autant. Quel parti prendre dans cette variété? Je suis d'avis de n'en prendre aucun.

Cette diversité ne fait aucun tort à la langue françoiſe; je pense que chacun peut doubler les consonnes comme il lui plaira, en suivant le plus grand nombre; ou en doubler une partie, & retrancher leſ autreſ, ou retrancher toutes celles qui ne se prononcent paſ, & laisser précisément celles qui doivent sonner. Pour moi je leſ écris prèsque toutes; mais pour distinguer les muettes d'avec celles qui ne le sont pas, je souligne les premières, qui par-là sont imprimées en différent caractère, comme je l'ai vu exécuté danſ une édition du Dictionnaire de Trévoux, ou dans celui de M. l'Abbé Antonini ; & comme je l'ai pratiqué dans l'Abrégé que j'ai fait du premier, & que j'ai traduit en Latin, en Italien & en Espagnol, quoique dans l'édition de 1743, & dans le suplément de 1752, dont je me suis servi, on ait mis toutes les consonnes en caractère uniforme, pour que l'impression fût agréable à la vue. J'ai préféré l'utilité à la beauté, puisqu'il n'y a pas d'autre moyen de faciliter la prononciation, dont l'agrément n'est pas inférieur à celui de l'uniformité des lètres. Le Grec, l'Hébreu, le Syriaque, le Persan, ont des caractères inégaux, comme les parties des plantes & celles des animaux, & sont hérissés de points & d'accents ; mais ils peignent exactement tous les sons. Je me flatte d'avoir réduit le François, l'Italien & l'Espagnol au niveau de ces langues orientales, par les différents caractères que j'y ai employés, sans en introduire d'étrangers, comme on a vu dans cette Grammaire, & comme on verra dans mon Dictionnaire Universel, qui est tout prêt, s'il se présente un parti raisonnable pour le faire paroître, & qui, étant nécessaire au commerce, seroit utile à la littérature, & honorable à la Nation Françoise, la seule qui a donné le Dictionnaire universel de sa langue.

Au reste, si je suis indifférent par rapport aux consonnes redoublées avant une voyèle, je ne le suis pas lorsqu'elles sont suivies d'une consonne. J'en ôte toujours une, non seulement parcequ'elle ne se prononce pas, mais plus encore parceque le mot n'en est pas dégarni au point de choquer la vue : *apliquer*, *acroître*, *oprimer*, *suprimer*, *ofrir*, *soufrir*, *atrait*, *&c.*

Observez que s'il est permis de doubler les consonnes, quoique l'une en soit muette, il est mal de prononcer doubles celles qui sont simples, *je lle vois, il la répondu, &c.*

De l'Accent.

L'accent est proprement ce ton haut ou bas, long ou bref, ouvert ou fermé, dont on prononce les mots; c'est pourquoi, en poésie, les mots mêmes s'appellent aussi accents. Mais en fait d'orthographe, l'accent est une petite marque posée sur les voyèles; il est de trois sortes, accent aigu (´), accent grave (`), & accent circonflexe (^). L'accent aigu se met sur les *é* fermés, *étude*, *échange*, *mépris*, *présumer*, *réunir*, *charité*, *fidélité*.

L'accent grave se met sur les *è* bien ouverts: *succès*, *progrès*, *dès*, *très*, *après*, excepté les articles & pronoms; *les*, *des*, *mes*, *tes*, *ses*, *ces*, parceque l'*e* y est moins ouvert que dans les autres mots ainsi accentués. Par la même raison, l'on peut ometre l'accent sur l'avant-dernière syllabe des mots dont la dernière est muette: *je cachete*, *il furete*, *ils empaquetent*, *ils quârrelent*, *on empaquete*, *&c.* Mais comme dans cette syllabe l'*e* moyen est plutôt ouvert que fermé, je crois qu'il vaudroit mieux y metre l'accent: *je cachète*, *&c.* même afin de corriger la prononciation vicieuse dont j'ai parlé dans les irréguliers de la première classe, & dans la prononciation de l'*e* moyen, entr'ouvert & fermé.

L'accent grave se met aussi sur la préposition *à*, pour la distinguer du verbe *il a*; & sur les adverbes *là* & *où*, pour les distinguer de *la*, article & pronom, & de la conjonction disjonctive *ou*: *il a tout à souhait; d'ici là où vous voulez aller, la route n'est pas longue, il n'y a que dix ou douze lieues.*

L'accent circonflexe se met sur les voyèles longueſ après lesquelleſ on a retranché quelque lètre dans la même syllabe : *bâiller*, *bâillon*, *fête*, *tempête*, *tête*, *être*, *hêtre*, *gîte*, *vous fîtes*, *ôter*, *j'ôte*, *ilſ ôtent*, *hôte*, *hôtesse*, *nouſ eûmes*, *vouſ eûteſ*, *&c.* qu'on écrivoit autrefois *baailler*, *baaillon*, *feste*, *tempeste*, *teste*, *estre*, *hestre*, *giste*, *vous fistes*, *oster*, *j'oste*, *ilſ ostent*, *hoste*, *hostesse*, *nouſ eusmes*, *vouſ eustes*, *&c.*

Il y a bien des syllabes longueſ & ouvertes, d'autreſ ouverteſ & moins longueſ, & d'autreſ aiguës, ſur lesquelleſ on ne met aucun accent, parcequ'elles sont suivies de certaines consonneſ avant lesquelleſ il est naturel de prononcer long ou bref, ouvert ou fermé, comme il est dit dans la prononciation.

De l'Apostrophe.

L'apostrophe est cette virgule qu'on place au haut d'une consonne, pour marquer la supression des voyèles *a*, *e* & *i* ('); & ce retranchement s'appelle éliſion. L'*a*, & l'*e* muet (car lorsqu'il est accentué il ne s'élide point), se retranchent aux articleſ & pronoms *je*, *le*, *la*, *me*, *te*, *se*, *ce*, *que*, & aux adverbeſ & prépoſitions *de*, *ne*, & à la conjonction *que*, lorsque le mot suivant commence par une voyèle, ou par un *h* muet : *l'amour*, *l'amitié*, *l'héroïne*, *l'honneur* ; *je vous prie de m'avertir où je manquerai ; tu t'es laissé tromper bien aiſément ; il ne faut pas s'ennuyer du travail qui est utile ; c'est une occupation honnête ; qu'est-ce qu'une personne qui perd son temps ? bien d'habiles gens travaillent sans faire fortune, aussi qu'ils soient utileſ, & qu'ils n'aient rien à se reprocher ; j'ai reçu votre lètre.*

On élide aussi l'*e* des prépoſitionſ *entre* & *jusque*, & du pronom & adverbe *quelque* : *s'entr'ai-*

mer; la porte étoit entr'ouverte; entr'autres, entr'eux, entr'elles, jusqu'ici, jusqu'à demain; quelqu'un, quelqu'autre; quelqu'aimables qu'elles paroissent, ce ne sont pas d'honêtes filles. Item, l'*e* de *grande.* Voyez les noms terminés en *d.*

I ne s'élide que dans *si*, suivi de *il* ou *ils*: *s'il veut, s'ils viennent.*

Du Tréma.

On appelle tréma les deux points posés sur certaines voyèles, pour empêcher la diphthongue, & les séparer de la voyèle précédente, en conservant à chacune le son naturel: *Héroïne, naïf, Saül, ambiguë, &c.* Il est inutile de le metre sur l'*e* d'*étendue, rue, &c.* parceque, lorsque l'*u* n'est pas précédé d'un *g*, ni d'un *q*, il ne peut être muet, mais il doit sonner, & faire syllabe sans l'*e* suivant. De même dans *obéir, Plébéien, réussir*, l'accent aigu suffit pour conserver le son fermé à l'*é*; & le tréma sur l'*u* & l'*i* est inutile.

Avant la distinction des consonnes & des voyèles, *j, v*, & *i, u*, inventée par Remus au milieu du seizième siècle, ou par le Comte Jean George Trissino, ou par Adrien Politi, on mettoit le tréma sur l'*ü*, pour faire connoître qu'il étoit voyèle. Celà est inutile aujourd'hui que la seule figure le distingue, & dans les diphthongues il nuiroit même à la prononciation: *Loüis, Boüillon;* au lieu de l'*ou* de *bourse, tour, &c.* on croiroit devoir prononcer, *Lo uis, bo uillon.*

Du Trait d'Union.

Ce trait (-) s'emploie lorsqu'on est obligé de partager en deux un mot qui ne peut tenir entier au bout de la ligne. Il faut seulement éviter de faire le partage avant *l* mouillé, & avant ou aprèſ *y*, qui vaut deux *ii*, comme, *bata-ille*, ou *batai-lle*, *embrou iller*, ou *embroui ller*, *pa-yſan*, ou *pay-ſan*, *&c.*

L'on se sert encore de ce trait entre les verbeſ & les pronoms, *je*, *moi*, *toi*, *tu*, *nous*, *vous*, *il*, *ils*, *elle*, *elles*, *le*, *la*, *les*, *lui*, *leur*, *y*, *en*, *ce*, *on* : comme, *suis-je coupable de .....? pardonnez-moi; veus-tu venir? allez-vouſ-en; retournez-y; souvenez-vous; appellez-les; donnez lui, &c.* avant ou après *ci*, *çà*, *là* : *cet homme-là; ce pays-ci; celui-ci; celui-là; venez-çà; là-*haut, *ci-dessous.*

Enfin on se sert de ce trait pour joindre plusieurs motſ & n'en faire qu'un : *tout-à-fait*, *avant-main*, *porte-mords*, *le qu'en-dira-t-on.*

De la Ponctuation.

La ponctuation est l'art de distinguer par points, virguleſ & crochets, les mots, les phrâſeſ & les périodes, pour les peindre comme on doit les prononcer. On sait que le discourſ est composé de périodes, les périodes de phrâſeſ, & les phrâſes de mots.

La phrâſe est l'expressiou d'une pensée courte : comme, *leſ hommes cherchent naturellement leur félicité.* La période est un composé de phrâſes liéeſ ensemble, & dont le senſ énonce une pensée plus longue : comme, *chercher son bonheur loin de la source de tout bien; quelque plaiſir que l'on goûte; comme ce n'est qu'un vain amuſement, qui ne contient rien de solide; c'est chercher à ne se jamais contenter.*

La fin de la période, ainsi que celle d'une phrâſe simple ou complexe, savoir, composée, lorsqu'elle n'est pas membre d'une période, mais détachée & toute seule, se marque d'un seul point. La pause qu'on doit faire en lisant ou en déclamant, à chaque phrâse, membre de période, quelquefois à chaque partie de phrâse, & même à chaque mot, se marque par une virgule. Une petite interruption demande un point & une virgule. Les deux points se metent où l'interrup-tion est plus grande, & où le sens appuie, mais où la période n'est pas finie, ou lorsqu'on donne un exemple, &c.

L'interrogation, ou demande, se distingue par ce point (?), appellé interrogant : *que dites-vous? viendra-t-il?* Cet autre point (!), dit admirant, se met après les phrâses & les mots admiratifs, & après toute exclamation & interjection : *ô Dieu! ah traître! arrête!* Après les titres des personnes à qui on adresse la parole, il est vocatif ou appellant : *Sire! Madame! Monseigneur! Monsieur! Mademoiselle!* La parenthèse, phrâse courte hors de la suite du discours, s'enferme entre deux crochets *Si la guerre continue (ce que Dieu ne veuille pas permetre), les affaires n'iront pas bien.*

Des Lètres Capitales.

Les lètres capitales ou majuscules s'emploient aux inscriptions & aux mots qui figurent dans le discours. Les noms propres d'anges, d'hommes, de femmes, de royaumes, de provinces, de villes, de châteaux, de forteresses, de bourgs, de villages, de mers, de fleuves, de lacs, d'îles, de montagnes, de ports, d'isthmes, de caps, & enfin des sciences, des arts libéraux & des méchaniques, & tous les mots qui sont considérables, ou qui le devienent lorsqu'ils font le sujet d'une dissertation, & ceux qui sont à la tête d'une période, d'une phrâse détachée, ou d'un vers, se doivent commencer avec une grande lètre. Tous lef autres s'écrivent avec de petites lètres. Pour la beauté de l'impression, l'on évite aujourd'hui d'employer beaucoup de lètres majusculef, & l'on se sert de petites lètref aux nomf adjectiff, *empereur*, *roi*, *prince*, *duc*, *comte*, *marquis*, *baron*, *chevalier*, *gentilhomme*, *écuyer*, *ville*, *province*, *&c.* Je ne suis point de cet avis; ces noms me paroissent toujours respectablef & remarquables; les lètres majuscules me semblent faire dans l'impression le même effet que font les collinef & les montagnes, qui, entrecoupant les plaines, rendent une étendue de pays beaucoup pluf agréable à la vue que ne fait l'égalité de terrein.

De la Syntaxe.

SYNTAXE est un mot dérivé du Grec, lequel signifie construction, qui est l'arrangement des mots d'une langue suivant le meilleur ufage de la Nation à qui elle est naturelle. Nouf allons parcourir toutes les parties du discours, pour en montrer brièvement l'union, la dispofition & la concordance, en corrigeant les principales fautef où l'on tombe, sans nouf arrêter où l'on n'a pas coutume de manquer, ni à ce qu'il faudroit faire remarquer, si l'on enseignoit le Françoif à une Nation étrangère.

Remarques sur les Nomf & sur l'Article.

Les noms substantifs communf ou appellatifs s'emploient dans le discourf, ou d'une manière indéfinie, indéterminée & générale; ou d'une manière définie, déterminée & particulière. Dans le premier caf, ou ils ne sont précédés de rien, ou ils le sont seulement d'une préposition, entr'autres d'une de celles qu'on nommoit ci-devant article indéfini, *de*, *à*, *par*. *Il ne voit ni hommes, ni femmes; il ne reçoit de visites ni d'hommes, ni de femmes; il ne rend visite ni à hommes, ni à femmes; il ne veut être servi, aidé, accompagné ni par hommes, ni par femmes; il mange du pain de seigle, il boit de l'eau de roche; il se fie à gens qu'il ne connoît pas; cette place n'est destinée ni à maisons, ni à Eglises; elle ne doit être occupée ni par maisons, ni par Eglises.* Mais dans le second cas, le nom est précédé de l'article, qui, selon quelques-uns, le particularise, &, selon d'autres, est la marque qu'il est pris dans un sens particulier. *L'homme est un animal raisonnable. Je parle de l'homme en général, mais je le distingue des autres animaux. Je ne connois pas l'homme qui nous a parlé; je rendrai le livre à l'homme que vous enverrez; vous serez conduit par l'homme que vous souhaitez; l'eau de la Seine est bonne à boire, celle des puits de Paris n'est bonne que pour se laver; ailleurs l'eau des puits est meilleure que celle de la rivière.*

On sent bien la différence qu'il y a entre l'eau de la rivière & l'eau de rivière, l'eau des puits ou du puits, & l'eau de puits; la première est l'eau de la rivière qui passe à l'endroit où l'on est, l'eau des puits du pays, ou du puits, où l'on a coutume de puiser; & la seconde est l'eau de quelque rivière que ce soit, ou de quelque puits que ce soit.

Il y a cependant quelque manière de parler où le nom prend l'article, sans qu'il soit spécifié, ni particularisé: *assaisonner au sel, au beurre, à l'huile; jeûner au pain & à l'eau; peindre à l'huile, &c.*

Avec les adjectifs superlatifs qui suivent le substantif, on répete l'article; & si l'adjectif superlatif précede le substantif, l'article ne se répete pas. Ainsi l'on dit : *la personne* LA *plus aimable du monde*, ou *la plus aimable personne du monde ; les plus illustres Maisons du Royaume*, ou *les Maisons du Royaume* LES *plus illustres ; Les esprits* LES *plus éclairés sont les derniers à porter leur jugement sur les matières graves.*

L'on dit : *il est Membre d'une des Académies* LES *plus illustres de l'Europe*, & non DES *plus illustres ; c'est un des Artistes* LES *plus habiles de Paris*, & non DES *plus habiles.* On dira bien, *il est Membre d'une Académie* DES *plus illustres de l'Europe ; c'est un Artiste* DES *plus habiles de Paris*, &c.

Il y a des noms qui rejettent l'article dans un sens, & qui l'admettent dans un autre : *venir en France, sortir de France ; la France est le plus beau Royaume de l'Europe ; les Nations amies de la France ; aller à la Chine, entrer en Chine, l'encre de la Chine ; les brouillards de Seine.* On dit *la rivière du Pô ; la rivière d'Argent ; aller au Méxique, au Japon ;* & non *la rivière de Pô ; la rivière de l'Argent ; aller à Japon, à Méxique*, ni *en Japon, en Méxique*, comme l'on dit *aller à Londres, à Madrid, en Angleterre, en Espagne.*

Quand on dit, *la Saint Jean, la Saint Michel, la Toussaints, la Saint-Martin, &c.* on sousentend *la Fête*, ainsi, *la Fête de Saint Jean, de Toussaints*, ou *de tous les Saints, &c.*

On suprime l'article pour abréger, même avant des noms spécifiés, par forme d'adresse : *rue Pot de Fer, faubourg Saint-Germain, quartier du Luxembourg, Paroisse Saint-Sulpice, &c.*

L'article varié, *du, de l', de la, des*, marque souvent l'espèce, ou une partie de la chose énoncée par le substantif suivant : *celà ressemble à de l'or, on le prendroit pour de l'or ; il faut de l'ar-*

gent pour les faire travailler ; nous leur donnerons du pain, du vin, de la viande, des œufs, de quoi s'acheter des habits, du linge & même du tabac. L'article employé de cette manière s'appelle *partitif.*

Quand la phrâse est négative, le nom n'admet point d'article partitif : *lorsqu'on est en haute mer, on ne voit ni côtes, ni rivages ; je n'ai point de temps à perdre ; je n'ai point d'argent.* Ne dites donc pas, *je n'ai pas de l'argent ; quand j'aurai reçu d'argent, je paierai.* Il faut l'article à la seconde phrâse, parcequ'elle est affirmative ; & rien que la préposition à la première, parcequ'elle est négative, *celà ne ressemble ni à or, ni à cuivre.*

Il ne faut non plus que la préposition sans article partitif, lorsque le nom substantif est précédé de son adjectif, ou d'un pronom possessif, ou d'un pronom de quantité, excepté *bien*, ou d'un adverbe de quantité. Ainsi, quoiqu'on dise, *les honêtes gents sont aimés ; les bons perdreaux que vous nous avez envoyés* : il ne faut pas dire, *des honêtes gents l'assurent ; il ne faut pratiquer que des honêtes gents ; ne vous fiez qu'à des honêtes gents* : ni, *nous avons mangé des bons perdreaux* ; mais, *d'honêtes gents, à d'honêtes gents, de bons perdreaux, &c. de mon ami, à votre père, de vos sœurs, à leurs tantes ;* personne ne dira, *du mien ami, du votre père, aux votres sœurs, aux leurs tantes, &c.* On dit, *il a extrêmement* ou *infiniment d'esprit ; beaucoup, peu, médiocrement d'esprit, de crédit, d'adresse ;* ou *de l'esprit infiniment, bien de l'esprit, du crédit, de l'adresse.*

Il y a des adjectifs qui précedent ordinairement le substantif duquel ils marquent quelque qualité ; d'autres qui le suivent, & d'autres qui peuvent le suivre ou le précéder : *grand soin,*

grande

grande envie, heureux présage, heureuse rencontre, basse Messe; esprit gai, humeur gaie, personne enjouée, couleur rouge, blanche, bleue, figure quârrée, octogône, triangulaire, &c. tempérament vif; & Messe basse, disposition heureuse, &c. L'usage & l'oreille aprennent celà mieux que les règles. *Une femme sage* est celle qui a de la sagesse; *& une sage-femme* est celle qui accouche une femme grosse. Quelques autres changent aussi la signification du substantif, en le précédant ou en le suivant. Voyez le Dictionnaire.

Lorsque l'adjectif précédent forme une seule idée avec son substantif qui suit, il prend l'article, même le partitif. *Le Roi est protecteur des Sciences & des beaux Arts; on l'enverra aux petites-maisons; dans tous les pays il y a des sage-femmes*, & *des petites-maisons*, où l'on enferme les fous qui ne sont pas furieux. Mais si la phrâse est négative, on suprime l'article partitif. *Les Juives d'Egypte n'avoient pas besoin de sage-femmes*, ou *accouchoient toutes seules*, comme *si dans le pays il n'y avoit pas eu de sage-femmes. S'il n'y avoit pas de fous, il n'y auroit pas de petites-maisons.*

L'adjectif doit être du même genre & du même nombre que son substantif. Cependant on dit, *feu Madame, feu la Reine*, ou *la feue Reine; elle demeura court; aller nu-pieds, nu-jambes, nu-tête*, ou *les pieds nuds, les jambes nues, la tête nue; demi-livre, & une livre & demie; demi-heure*, & *une heure & demie; elle se fait fort de vous le prouver; elles sont tout étonnées, tout autres; ils sont tout interdits, tout autres; ils sont tout prêts, tout disposés;* mais il faut dire, *elle est toute interdite, toute autre, toute rassurée, toute disposée; elles sont toutes prêtes, toutes rassurées, toutes disposées.* On dit aussi;

quelque chose de bon, *de mauvais*, *de nouveau*; *de surprenant*, au masculin, faute de neutre, quoique *chose* déterminé soit féminin. *Partie* & *personne*, signifiant deſ *hommes*, demandent aussi que l'adjectif ou le participe qui les suivent, sur-tout à quelque distance, soient au masculin, ou du moinſ ils le permettent. *Cet homme fait plaisir où il le peut à toutes sortes de personnes, riches, pauvres, compatrioteſ, étrangerſ, amiſ & ennemis. Ma partie aura bonne composition, s'il est déterminé à s'accommoder.*

Mon, *ton*, *son*, quoique masculins, se mettent avant les substantifs féminins qui commencent par une voyèle ou un *h* muet : *mon ame ; ton éloquence ; son humanité.*

Pour la concordance du participe, voyez l'uſage des verbeſ auxiliaireſ, & du participe déclinable ou indéclinable, à la suite des conjugaiſonſ, & avant les verbeſ irréguliers.

Remarques sur les Pronoms personnels.

Je, *tu*, *il*, *ils*, pour sujet feſant l'action, ou la recevant, s'emploient pour ainsi dire uniment ; & *moi*, *toi*, *lui*, *eux*, pour le même sujet, ont plus de force, soit seuls, soit accompagnés de *je*, *tu*, *il*, *ils*, *qui*, *que*. Exemple. *Il l'aprouve, &* MOI *je le condamne ; que fais-tu là ? tous leſ autres sont occupéſ, &* TOI *toujourſ oiſif ; ses freres, ses camaradeſ alloient à Béthel ou à Dan, &* LUI *à Jéruſalem ; nouſ avons de notre côté l'autorité & la raiſon, &* EUX *n'ont ni l'une ni l'autre ; Annibal fut vaincu par l'amour,* LUI *que les Romains n'avoient pu vaincre ; que ne l'ont-ils secouru !* EUX *qui en avoient le moyen.*

Pour objet immédiat ou médiat de l'action, *me*, *moi*, *te*, *toi*, *lui*, *le*, *la*, *leur*, *les*, sont employéſ uniment, & *à moi*, *à toi*, *à lui*, *à elle*, *lui*, *elle*, *à eux*, *à elles*, *eux*, *elles*, marquent de l'énergie. Exemples. *Vous me connoissez ; écoutez-moi ; parlez-moi ; vous me faites plaisir ; je te vois ; l'on te parlera ; retire-toi ; donne-toi patience ; s'il vient, donnez-lui son argent, & faites-vous faire un reçu ; si elle me demande, dites-lui que demain je lui rendrai bon compte de son affaire ; il le méprise ; je le respecte ; lorsque de petits marchands ou de petites marchandes lui vendent quelque chose de peu considérable, il leur donne tout ce qu'ils lui demandent ; il y a plus de mille personnes à son audience, il les écoutera, il les dépêchera dans la matinée.* Où l'on voit que *leur* ne signifie que l'objet médiat au masculin & au féminin, ainsi que *lui* ; mais ce second signifie aussi l'objet immédiat au masculin, comme dans les exemples suivants.

*Un homme qui a épousé une femme ne doit aimer qu'*ELLE, *& une femme qui a épousé un homme ne doit aimer que* LUI ; *je l'ai vu* LUI *même ; je l'ai vue* ELLE-*même ; je les entendrai* EUX-*mêmes*, ELLES-*mêmes ; plaignez-vous à* MOI ; *il s'adressera à* TOI ; *il faut retourner à* LUI, *à* ELLE ; *pensez vous à* EUX, *à* ELLES ? Il y a la même distinction à faire entre *me* & *moi*, *te* & *toi*, *se* & *soi*, pour l'énergie. *On doit se connoître, on peut s'aimer ; mais n'aimer que* SOI, *n'estimer que* SOI, *rapporter tout à* SOI ; *c'est le propre d'un insensé, & l'effet d'un orgueil insupportable ; on te souhaite, on n'attend plus que* TOI ; *si l'on n'attend que* MOI, *me voilà prêt à partir.*

Si l'on demande à une femme si elle est une telle, elle répondra bien en disant, *je* LA *suis*, ou *je ne* LA *suis pas*, parce que le pronom se rapporte à un substantif. Mais si l'on dit, *Madame, êtes-vous contente ?* elle doit répondre, *oui, je* LE *suis*. De même il faut dire, *celle-là est sage & le paroît, cette autre ne l'est pas, maiſ elle peut* LE *devenir*, parceque le pronom se rapporte à un adjectif. Cependant si l'on diſoit, *Mademoiſelle, êtes-vouſ Angloiſe ?* doit-elle répondre, *oui, je* LE *suis ?* car *Angloiſe* est ici adjectif.

Les pronoms *lui, elle, eux, elles*, lorsqu'ils sont précédés d'une prépoſition, ou suivis de *qui, que*, ne se diſent que des personneſ ou des choſes personifiéeſ, ou considérées comme des personnes. *Nous ne pouvons rien sans la grace; c'est* ELLE *qui nous prévient, qui nouſ aide dans toutes nos bonneſ actionſ, & qui nous suit après que nouſ avonſ opéré avec* ELLE*; mais si nous lui réſistons, si nous la rejettons, ou elle revient, & nouſ excite de nouveau, ou elle nouſ abandonne. Lorsque l'amour s'est emparé de notre cœur, sans que la raiſon lui ait réſisté, c'est en vain que nous nous plaignons de* LUI *s'il nous trouble, & s'il nouſ inquiete sans cesse.*

Maiſ on ne diroit pas bien : *en raſe campagne, le gibier se lève, pour peu qu'on aproche* DE LUI; *il avoit une grande charge sur le corpſ, & il est tombé avec* ELLE, ni *il est tombé avec; ce cheval est fougueux, ne vous fiez paſ à* LUI; *la Beausse & la Picardie sont très fertileſ en bled, ce sont* ELLES *qui nourrissent Pariſ, & beaucoup d'autres Villes; les verſ à soie, si difficileſ à élever, sont en récompense trèſ utiles; ce sont* EUX *qui fournissent, c'est d'*EUX *que l'on tire la matière dont on fabrique les plus belleſ étoffes.* Il faut dire, *pour peu qu'on* EN *aproche; il est tombé avec* CETTE CHARGE; *ne vouſ* Y *fiez pas; ce sont* CES PROVINCES *qui nourrissent, &c. ce sont* CES INSECTES *qui fournissent; c'est de* CES INSECTES *que l'on tire, &c.*

De même, quoiqu'on diſe, *eſt-ce-là mon habit? oui, c'est lui; est-ce-là mon épée? oui, c'est elle;* l'on ne diroit pas bien, *attachez-*LUI *les man-*

*ches; faites-*LUI *un fourreau; lorsque le poisson est entré dans la nasse, il ne peut plus sortir d'*ELLE. Il faut dire, *attachez-*Y *les manches; faites-*Y *un fourreau; il ne peut plus* EN *sortir.* Mais on diroit bien en parlant de bêtes, *je* LEUR *ai donné à manger;* & d'une plante, *arrachez-*LUI *les faux bourgeons.*

Le pronom *soi* est général & déterminé: *l'aimant attire le fer à soi; il faut se corriger soi-même plutôt que les autres;* & quand on parle d'une personne en particulier, on se sert de *lui*, *elle*, comme, *il parle trop de* LUI *même; elle rentre souvent en* ELLE-*même.*

Le, *la*, *les*, sont souvent suivis de *lui*, *leur*, & il ne faut pas que la vivacité nous les fasse ometre: *il m'a prêté six louis, je lui rendrai au bout du mois; elle a oublié son parapluie, portez-lui chez elle; ils trouvent la maison commode, nous leur avons fait voir.* Dites, *je les lui rendrai; portez-le lui; nous la leur avons fait voir.*

Remarques sur les Pronoms possessifs.

A l'égard des pronoms possessifs, *mon*, *ton*, *son*, *leur*, *ma*, *ta*, *sa*, *leurs*, *mes*, *tes*, *ses*, *notre*, *votre*, *nos*, *vos*, se doivent suprimer lorsqu'ils ne sont pas nécessaires. *J'ai mal à la tête, aux yeux, à la gorge, à la poitrine; comment va le bras? la jambe? y sentez-vous encore de la douleur, de la foiblesse?* & non *j'ai mal à ma tête, à mes yeux, &c.* ni comme dit ce Palefrenier Allemand, *ce cheval m'a* RUÉ *un coup de* SA *tête qu'il a failli à me tuer.* On diroit bien, *je voyois* MA *main &* MON *bras s'enfler aussi tôt après la piqure de la vipère, & ensuite diminuer par l'aplication du contre-poison; je sents que* MA *tête est fatiguée de l'aplication & de la chaleur, &c.*

Les pronoms *son*, *sa*, *leur*, *ses*, *leurs*, précédés d'un substantif de chose inanimée, ne se joignent pas à un autre substantif, à moins qu'ils ne se rapportent au même verbe, ou qu'ils ne soient précédés d'une préposition. *Paris, ses bâtimens, ses rues, ses quais, ses promenades, font l'admiration & le plaisir des habitants & des étrangers ; le baricotier de l'île de Madagascar, ses feuilles & ses fruits, sont les plus grands que l'on connoisse ; le baricotier est un arbre qui devient aussi gros & plus haut que les tours de Notre-Dame de Paris, la feuille* EN *est large de six pieds, & longue de neuf, &* DE SON *fruit, gros comme quatre citrouilles, on tire une boisson semblable au sidre.* Je crois même qu'on doit dire, *cette place est très forte, les abords* EN *sont difficiles*, à cause du changement du nombre du verbe, &c.

On répete le pronom possessif à chaque substantif, *leurs frères & leurs sœurs ;* & à chaque adjectif signifiant des choses diverses, *vous voyez dans la vie de chaque Empereur ses bonnes ou ses mauvaises qualités ; on remarque dans cet Auteur sa noble élévation, son ingénieuse invention pour la poësie, son peu de fidélité dans l'histoire, son abominable impiété en fait de Religion, & son inutile changement à l'égard de l'orthographe.*

Avec certains substantifs, comme, *ame*, *bel esprit*, *plume*, *épée*, on ne se sert point des pronoms possessifs, ni du démonstratif, *celui*, *celle*, lorsque ces substantifs se prennent pour la personne, comme, *du temps de Sainte Thérèse, & de la Sœur Anne de Jésus, il n'y avoit point en Espagne de plus heureux esprits qu'elles*, & non *que les leurs ; je ne connois pas de meilleure plume que* CELLE DE *M. N.* seroit mal dit, il faut dire, *que M. N.*

Ne dites pas *le laquais* A *Madame*, *l'appartement* A *Monsieur* &c. mais DE *Madame*, DE *Monsieur*. La préposition *à* ne signifie pas la possession, elle se met seulement avant le nom après les verbes *être* & *appartenir*, signifiant la possession : *ces livres sont à moi ; cet homme appartient à une honête famille.*

Lorsque le Vassal manque à son Seigneur, & que le Seigneur lui confisque son fief, on dit *qu'il en fait les fruits* SIENS ; c'est peut-être le seul cas où ce pronom est adjectif.

Remarques sur les Pronoms relatifs.

Ne dites jamais, *moi qui n'*EST *pas au fait de celà ; moi qui a été présent*, &c. Le pronom relatif rappelle la même personne qui précede ; *moi* est première personne ; ainsi dites, *moi qui ne* SUIS *pas au fait de celà ; moi qui* AI *été présent*, &c.

Qui, tantôt détermine & restreint la signification de son antécédent, comme, *la Religion* QUI *s'écarte de la révélation*, *& de la constante tradition de siécle en siécle depuis le commencement jusqu'à nous, est fausse ; il ne faut point croire les miracles* QUI *ne sont pas reconnus par les premiers Pasteurs unis à leur Chef.* Ce n'est pas la Religion en général, ni les miracles en général, que le pronom *qui* représente & rappelle, mais la Religion qui n'est pas appuyée de la révélation & de la tradition, & les miracles qui ne sont pas aprouvés des premiers Pasteurs.

Et tantôt le relatif *qui* ne fait qu'expliquer l'antécédent, & en rendre raison. *Ni les Athées & Matérialistes, ni les Déistes, ni les Païens & Idolâtres, ni les Mahométans*, QUI *ne croient pas les Mystères révélés ; ni les Juifs, qui ne re-*

connoissent pas le Messie promis aux Patriarches leurs pères, & prédit par leurs Prophètes, non-obstant les miracles qu'il a opérés parmi eux; ni les Schismatiques, ni les Hérétiques, QUI *ont rompu l'union, & corrompu la Doctrine du Sauveur, que l'Eglise conserve; ni les Catholiques* QUI *n'auront pas vécu conformément à cette Doctrine, n'entreront point dans le Ciel.* Le *qui* dans les trois premiers endroits de cet exemple, ne fait que rendre raison; dans le quatrième il détermine; *les Catholiques entreront dans le Ciel, & il n'y aura que ceux qui n'auront pas bien vécu qui n'y entreront pas, mais aucun des autres n'y entrera*; & *qui*, rendant raison, peut s'exprimer par *parceque.*

Qui, précédé d'une préposition, ne se dit que des personnes ou des choses personifiées. *Ce cheval qui m'a porté tout le long du voyage, &* DE QUI *je me suis servi en d'autres occasions, m'a couté deux cents écus*: dites *duquel*, ou *dont je me suis servi. La racine à* QUI *l'on atribue tant de vertus, se trouve en Tartarie*: dites *à laquelle. Les amis pour qui vous vous intéressez; les raisons sur* QUI *vous vous fondez, les motifs par* QUI *vous vous déterminez, font voir que vous pensez bien*: dites *les raisons sur* LESQUELLES, *&c. les motifs par* LESQUELS, *&c.*

Que représente l'objet de l'action, & *qui* le sujet de l'action, ou du discours seulement, si le verbe est passif ou neutre. *Le nom de Philosophe, qui a été toujours respecté, & qui signifie amateur de la sagesse, est usurpé par des esprits faux que les ténèbres possèdent, que les passions dominent, & que le vain desir de l'indépendance induit à faire des arguments captieux sur les choses les plus importantes de cette vie qu'ils mènent dans le crime, & de l'autre qu'ils ne croient pas.*

Le même pronom *que* est employé pour abréger au lieu d'*auquel*, *par lequel*, *avec lequel* ou *laquelle*. *Dans le temps* QU'*on voudroit sortir, il vient quelquefois des visites qui obligent de rester; elle s'en est retournée par le même chemin* QU'*elle étoit venue; il a pardonné à son ennemi; & lorsqu'il le voit, il lui parle avec la même douceur* QU'*à ceux qui ne l'ont jamais offensé*. Savoir, *dans le temps* AUQUEL, *&c par le même chemin* PAR LEQUEL, *avec la même douceur* AVEC LAQUELLE, *&c.*

Dans ces phrâses & semblables; *c'est de lui qu'on se plaint; c'est à lui que celà s'adresse; c'est sur eux que l'on compte; c'est en Dieu qu'on doit se confier;* le *que* est peut-être conjonction; mais il tient la place du relatif *de qui*, *à qui*, *sur qui*, *en qui*; & l'on pourroit éviter le pléonasme, ou la répétition inutile, en disant; *c'est lui de qui on se plaint; c'est vous à qui celà s'adresse; ce sont eux sur qui l'on compte; c'est Dieu en qui l'on doit se confier;* ainsi que le fameux Satyrique l'auroit évité, s'il avoit dit: *C'est vous, mon cher esprit, à qui je veux parler*, pourvu cependant que cette manière lui eût paru être Françoise.

Le pronom *lequel*, *laquelle*, sans préposition, ne s'emploie que pour éviter l'équivoque, ou la répétition du pronom *qui; il a prononcé un discours à la louange de cet Académicien, lequel a été goûté de tout le monde; je viens de voir la Dame qui m'a persuadé d'écrire ce livre, laquelle sera obéie, & à cause de son vrai mérite, & pour les bonnes raisons qu'elle m'a alléguées.* Ce pronom *lequel* & *laquelle* se rapporte ordinairement à l'antécédent qui est éloigné.

Il y a pourtant bien des occasions où le pronom *qui* est bien répété. *On estime & l'on aime toutes les personnes qui ont de la beauté, de l'esprit & de la vertu, & qui n'ont point de vanité; au contraire, on méprise, on plaint celles qui sont belles & spirituelles, mais qui sont orgueilleuses.*

La Maison DONT *il est sorti* signifie la Famille; *& la maison d'où il est sorti* signifie l'habitation.

Remarques sur les Pronoms démonstratifs.

Le pronom *ce*, substantif, est neutre & indéterminé. *Ce qui plaît n'est pas toujours le meilleur; je ferai ce que je pourrai; tout ce dont vous avez parlé me paroît important.* Mais on se sert aussi du même pronom *ce* substantif avant le verbe *être*, pour désigner une action, & même des personnes, ou des choses déterminées. *C'est n'avoir point d'humanité, que de ne point secourir son semblable qui soufre, lorsqu'on le peut; voir le mal, & ne s'y pas opposer s'il est possible, c'est y consentir & l'aprouver; c'est Louis XIV qui a fait bâtir le Château de Versailles; fuyez le vice; c'est le seul mal qui est à craindre, & que l'on peut éviter; fuyez sur-tout l'orgueil & la débauche; ce sont les vices qui perdent la plupart des hommes; étoit ce vous qui chantiez tantôt? oui, c'étoit nous.* Ici le *ce* est après le verbe *être*, à cause de l'interrogation.

Si le verbe *être* est suivi des pronoms *eux*, *elles*, sans préposition, il se met au plurier, comme quand il est suivi de tout autre nom plurier sans préposition, ou avec l'article partitif. *ce sont elles qui nous ont invités; ce seront eux qui nous conduiront; ce ne seroient pas leurs promesses qui m'engageroient; c'étoient des étrangers, des Espagnols, des Italiens.*

Mais lorsque le verbe *être* est suivi seulement d'un adjectif, ou de plusieurs, sans substantif, au lieu de *ce*, il doit être précédé des pronoms personnels. *J'ai vu vos enfants, ils sont fort aimables; j'ai entendu la musique, elle est excellente, pleine d'expression & de sentiment.* Et quoiqu'on dise, *c'est bien dit, c'est bien fait*, il vaut mieux dire *celà est vrai, celà est juste*, que *c'est vrai, c'est juste*, &c.

Celui, celle, ceux, celles, ne se disent de tout ce qui n'est pas personne, qu'avec rapport au nom qui précede, ou qui suit immédiatement. Ainsi, au lieu de, *celui d'Espagne est le meilleur tabac; celle de* Hollande *est la plus belle toile; ceux de Bourgogne & ceux de Champagne sont les meilleurs vins; celles qui portent le plus souvent sont les brebis les plus estimées*, on diroit, *les brebis qui portent le plus souvent sont les plus estimées; les vins de Champagne & de Bourgogne sont les meilleurs; la toile de* Hollande *est la plus belle; le tabac d'Espagne est le meilleur.* On diroit aussi, *cueillez celles de ces roses qui sont les plus épanouies, celles de ces figues qui sont les plus fanées; vous choisissez parmi les fruits ceux que les autres rejettent.*

Mais quand on parle de personnes, ces mêmes pronoms s'emploient & avec rapport, & sans rapport au nom qui précede ou qui suit: *entre tous mes amis, j'aime plus celui que je crois le plus raisonnable; celui qui aime trop le jeu, est en danger de devenir injuste, & malheureux toute sa vie; ceux qui savent se modérer dans leurs plaisirs honêtes, seront tranquilles & contents, même dans l'adversité.*

Remarques sur les Pronoms de Qualité.

Aucun, *aucune*, ne s'emploie que dans les phrâses négatives, ou dans les douteuses. *Il n'y a aucune ressource ; Y a t-il aucun homme de bon sens qui croie les devins ? je doute qu'aucun sage se soit jamais appliqué à cet art, dont les professeurs s'arrogent un aussi beau nom.* Ailleurs, dites, *quelqu'un*, *une*, *quelques-uns*, *unes*, pronoms de qualité.

Chaque, m. & f. est toujours adj. & sans plurier. *Chaque pays, chaque guise ; il l'appelle à chaque instant.* Il faut donc y faire toujours suivre un nom substantif, & ne point dire, *ces bonnets se vendent un écu chaque.* Dites *chacun*, *pièce*, ou *la pièce.*

Chacun, *chacune*, subst. sans plur. se dit avec rapport, ou sans rapport à un autre substantif, lorsqu'il s'agit de personnes. *Dans l'ancienne Loi, chacun pouvoit avoir plusieurs femmes ; dans la nouvelle, chacune a son mari ; chacun portera son sac.* On ne dit plus *un chacun.* Lorsqu'on ne parle point de personnes, le pronom *chacun*, *une*, ne se dit qu'avec rapport à un autre substantif. *Faites reposer ces chevaux, & donnez à chacun son picotin ; chacune de ces maisons a coûté cent mille écus.*

Quoique *chacun* soit singulier, s'il est précédé d'un plurier à distribuer, le pronom qui le suit doit être au plurier. *Les prisonniers ont été relâchés avec permission de se retirer chacun chez eux, où ils voudront, où bon leur semblera ; au son de la cloche, toutes les Religieuses se rendent au Chœur, au Chapitre, au Réfectoire, & s'asseient chacune à la place qu'elles doivent occuper.*

Si le pronom *chacun* n'est précédé d'aucun plurier

rier à distribuer, & qu'il soit suivi d'un pronom possessif, ce possessif sera *son, sa, ses. A chacun son bien n'est pas trop ; elles viendront chacune avec sa camarade.* C'est encore le pronom *son, sa, ses*, lorsque *chacun* est précédé de l'objet du verbe. *Tous les Officiers & les soldats de la garnison auront la liberté de se retirer où ils voudront, chacun avec ses armes & son bagage.* Mais si *chacun* est suivi de l'objet de l'action du verbe, le possessif sera *leur, leurs. Ils ont déja préparé chacun leur pacotille, & fait leurs adieux, ils vont s'embarquer.*

Le pronom *même*, signifiant identité & égalité, précede le substantif auquel on le joint. *C'est la même chose ; nous sommes du même avis ; ils ont les mêmes inclinations.* Lorsqu'il marque énergie, il doit suivre son substantif. *Le Roi même l'a décidé ainsi ; le Roi lui-même l'a dit ; le libertin est tourmenté dans ses plaisirs mêmes par les remords de sa conscience.*

Ce mot signifie souvent *aussi, de plus*, & alors il est conjonction extensive ou augmentative, & se met avant ou après le nom. *La nouvelle Loi oblige à aimer tout le monde, même ses ennemis ; la pauvreté, la solitude, les douleurs même, sont plus utiles que les richesses, les honneurs & les plaisirs.*

Le pronom *on* indéterminé signifie *quelqu'un, nous, ils, elles, les hommes, les femmes, les partis, &c.* Il prend l'article *le* avec élision, lorsqu'il est précédé de *&*, de *si*, ou bien de *que* & suivi d'un mot qui commence par un *c* fort du son de *k*. *Plusieurs Saints se retiroient dans les déserts pour vivre seuls & inconnus, & l'on venoit à eux en foule de toutes parts ; on cherche à s'élever, & l'on se rend esclave ; si l'on veut être heureux, suffit d'être fidèle.* Mais s'il est suivi d'un mot qui commence par *l*, le pronom *on* rejette l'article. *On regrette* *les biens & les plaisirs qu'on laisse, lorsqu'on les aima trop, & qu'on n'espère pas ce qui remplit le cœur, ni l'immense richesse des esprits non séduits par de foibles appas.*

Qui pour *quel*, *quelle*, *quels*, *quelles*, ou pour *celui qui*, *celui que*, ne se dit que des personnes. *Qui sont les aspirants? qui enverrez-vous? je ne sai qui elles sont, je ne les connois que de vue; il ne faut point se fier de qui, s'ouvrir à qui l'on ne connoît pas assez; Dieu nous garde de qui n'a qu'une affaire.*

Tout précédant un adjectif est indéclinable au masculin; au féminin, il ne l'est qu'au plurier, lorsque l'adjectif commence par une voyèle. Voyez les exemples qui sont avant les remarques sur les pronoms personnels.

Remarques sur les Pronoms de Quantité.

Plusieurs, sans rapport à un substantif, ne se dit que des personnes. *Plusieurs ont donné dans le piége, & y ont fait tomber les autres.* Pour signifier autre chose, il a rapport, ou il est même joint à un substantif. *Avez-vous loué une maison? j'en ai vu plusieurs, mais je n'en ai encore arrêté aucune; le vent a arraché plusieurs gros arbres, & l'inondation a fait périr plusieurs bêtes dans les campagnes.*

Quelqu'un au singulier, & *quelques uns* au plurier, sans rapport à un substantif, ne se dit que des personnes. *Quelqu'un vous appelle; je connois quelqu'un qui accepteroit bien le parti que vous refusez; avez-vous médit de quelqu'un? avez-vous fait tort à quelqu'un? il a été montré par quelqu'un qui est bien habile; quelques-uns pensent que la terre est ovale.* Ne dites pas *un quelqu'un*, non plus qu'*un quelque chose*. Ne dites pas même, *y a t-il quelques uns là? appellez quel-*

ques uns ; connoissez-vous quelques uns ? parlez à quelques-uns ; informez-vous de quelques uns.

Quelqu'un, quelqu'une, quelques uns, quelques unes, se disent avec rapport à un substantif, & des personnes, & de toutes autres choses, soit comme sujet, soit comme objet de l'action, sans préposition, ou avec une préposition. *Quelqu'un de vous aura le prix ; quelqu'une de vous sera reçue à l'Académie ; avez-vous vu nos amis ? j'en ai vu quelques uns, j'ai parlé à quelques uns ; achetez quelqu'un de ces bijoux, quelqu'une de ces boîtes ; montrez-m'en quelques uns, quelques unes, que je puisse choisir ; fixez-vous à quelqu'un, à quelqu'une ; je suis content de la beauté de quelques uns, de quelques unes ; dites moi le prix de celà.*

Rien, précédé de *ne*, signifie *nulle chose* ; ainsi qu'avec le verbe *compter*, sans la même particule négative. *Rien de tout celà ne me flatte ; il n'y a rien de plus agréable que de s'apliquer à quelque chose d'honête & d'utile ; on agrée toutes ofres de services, toutes louanges, toutes promesses gratuites ; mais dans le fond on compte tout celà pour rien.*

Remarques sur plusieurs Pronoms.

Les pronoms personnels, les possessifs, les relatifs, les démonstratifs, doivent se rapporter à un nom pris dans un sens déterminé. *Il obtint un Arrêt de défense,* LAQUELLE *le mit en état de s'arranger.* Dites *lequel*. *Travaillez toujours avec réflexion,* ELLE *vous épargnera la peine de recommencer votre ouvrage.* Dites *celà vous épargnera la peine, &c.* ou bien, *travaillez toujours avec une grande réflexion, elle, &c. Lorsqu'on est en route, on tâche de s'y amuser.* Otez *y* ; ou bien dites, *lorsqu'on est engagé dans une longue route, on tâche de s'y amuser ; il faut tâcher de vivre toujours en état de grace, où l'on voudroit être à la fin de la vie.* Dites *dans cet état de grace, &c. Vous êtes toujours de bonne humeur, moi j'en goûte rarement le plaisir.* Dites *je goûte rarement ce plaisir. Vous êtes de bonne complexion, je voudrois que la mienne fût de même.* Dites *d'une bonne complexion, &c. Il a fait celà avec exactitude, dont il faudroit qu'il usât dans tout ce qu'il entreprend.* Dites *avec une exactitude, &c.*

Mais on dit, *lorsqu'on a été quelque temps en France, on a de la peine à en sortir ; ceux qui sont en prison y soufrent bien des incommodités ;* sans qu'il soit besoin de spécifier la prison, ni la France, qui sont déja spécifiées suffisamment pour y faire rapporter les pronoms & adverbes *en* & *y*, ce qui aura apparemment lieu en d'autres occasions, & avec d'autres pronoms.

Pour éviter l'équivoque ou l'obscurité, il faut raprocher le plus qu'on peut le pronom du substantif auquel il se rapporte. *Une jeune personne tenoit un livre renversé dans ses mains, qui vouloit faire semblant de lire ; une autre qui la voyoit, lui demanda comment elle pouvoit lire de cette manière : à quoi elle répondit qu'elle étoit gauchère.* Dites, *une jeune personne qui vouloit faire semblant de lire, tenoit, &c. La colonne Trajane, quoique haute de huit diametres, que l'on voit à Rome dans la place du même nom, est pourtant de l'ordre Toscan, qui n'en doit avoir que sept.* Dites, *la colonne Trajane que l'on voit à Rome, &c. Le portail de ce palais est superbe, mais les ailes en sont vilaines, à cause des fenêtres dans le toit trop penché, qui choquent la vue & gâtent l'architecture.* Dites, *à cause des fenêtres qui sont dans le toit, & du toit trop penché, qui, &c.*

Remarques sur l'usage des Temps des Verbes.

Nous avons expliqué en leur place toutes les espèces qu'il y a de verbes, & par rapport à leur conjugaison, & par rapport à leur signification. Il ne nous reste donc qu'à dire quelque chose sur l'usage des temps, nombres & personnes, & sur le régime des verbes.

On aura fait attention en aprenant le verbe *être*, que la seconde personne singulière du présent indicatif fait *tu es* : il ne faut donc pas prononcer *tu est un joli garçon*, *tu est une bête*, comme l'on dit, *vous êtes un joli garçon*, *&c. c'est un joli garçon.* Il faut dire, *tu es un joli garçon*, *&c.*

La seconde personne singulière du présent impératif des verbes de la première classe, & de quelques autres verbes dont la même personne est terminée par un *e* muet, ainsi que celle du verbe *aller*, prennent un *s*, lorsqu'elles sont suivies des pronoms & adverbes *en* & *y*. *Vas-y*, *retournes-y*, *ofres-en la moitié*, *donnes-en des preuves.*

Le sujet qui fait l'action, celui qui en est l'objet, & celui dont on exprime l'essence, l'existence ou l'état, doivent précéder le verbe actif, le verbe passif & le verbe neutre. *La substance qui pense, qui perçoit les choses spirituelles, qui en est émue, ne peut être matérielle ; car la matière, même la plus subtile, est incapable de toute action, de toute sensation, & de se donner aucun mouvement.* Cependant dans les phrases interrogatives, & après les conjonctions *aussi* & *encore*, après un temps optatif ou exprimant souhait, ou subjonctif, & enfin lorsque le sujet est suivi de plusieurs mots qui s'y rapportent, on le met après le verbe ; & il faut observer que, si le verbe finit par un *e* muet à la première personne, il prend un accent aigu pour être suivi du pronom *je*; & si à la troisième personne le verbe finit par *e* muet, ou par *a*, il prend un *t* entre deux tirets avant les pronoms *il*, *elle* & *on*. *Les nouvelles qu'a apportées le dernier courier venu de Constantinople, sont intéressantes; viendrez-vous avec nous? demandé je rien d'injuste? aime-t il la musique? chante-t-elle? où va-t il? joua-t-on? dansera-t on? on m'a prié de dépêcher cette affaire, aussi l'ai-je exécutée avant toute autre chose; je suis pauvre, aussi épargné je autant que je puis; encore faudra-il l'attendre; fût-il déja arrivé.*

Le plusqueparfait conditionnel peut être énoncé par le plusqueparfait optatif, ainsi que le plusqueparfait indicatif précédé de la conjonction *si*, qui exprime la condition, *Si vous étiez*, ou *si vous* FUSSIEZ *venu plutôt, nous aurions*, ou *nous* EUSSIONS *commencé notre besogne de bon matin, & nous aurions*, ou *nous* EUSSIONS *été expédiés tout de suite.* Dans ces expressions conditionnelles, la conjonction *si* ne peut être suivie que d'un présent ou d'un parfait, d'un imparfait ou d'un plusqueparfait indicatifs ou optatifs, & jamais du futur, ni des conditionnels, qui ne sont en usage que pour la seconde partie d'une préposition conditionnelle, exprimant le conditionné, dépendemment de la première partie qui exprime la condition. *Si j'*AI *le temps, j'irai vous voir*; & non *si j'*AURAI *le temps*; *si je* SAVOIS *que celà lui fût agréable, je ne tarderois pas à le faire*; & non *si je* SAUROIS; *quand vous serez sur les lieux, si les ordres* ONT ÉTÉ EXÉCUTÉS, *vous m'en informerez au plutôt*; & non *si les ordres* AURONT ÉTÉ EXÉCUTÉS; *si vous* ÉTIEZ, ou *si vous* FUSSIEZ VENU, *nous aurions été à la chasse*; & non *si vous* SERIEZ VENU.

Le verbe peut bien être au futur, & au conditionnel ou incertain, à la suite de la conjonction *si*; maiſ alors la phrâſe n'est pas conditionnelle, elle marque seulement doute ou ignorance. *Je ne sai si l'affaire* RÉUSSIRA; *il a promis, nous verrons s'il* AURA TENU *parole; j'ignore si j'en* FEROIS *autant; il a été attaqué, il s'est défendu, il a tué son homme; & vous demandez, s'il n'*AUROIT *pas dû plutôt s'enfuir? il ne l'a pas pu: la vengeance est défendue, mais la défense nécessaire n'est pas défendue.*

Il y a des phrâſeſ où entre la conjonction *si*, lesquelles ne sont ni conditionnelles, ni douteuſes, maiſ au contraire elles marquent suppoſition d'une choſe comme certaine. *S'il est riche, il a aussi une grosse famille à soutenir; s'il étoit impie & scandaleux, il n'étoit donc ni bigot, ni hypocrite; s'il a été l'agresseur, aussi a-t-il été puni.*

Le parfait éloigné ou défini signifie toujourſ un temps qui s'est écoulé. *Hier, avanthier, la semaine passée, l'année passée, le mois passé, je* VIS, *je* REÇUS, *j'*ALLAI, *j'*ÉCRIVIS. Ne dites donc jamais, *ce matin je rencontrai M. N. je lui dis, & il me répondit*; parceque *ce matin* veut dire que le jour dure encore: mais dites *j'*AI RENCONTRÉ, *je lui* AI DIT, *il m'*A RÉPONDU, au parfait proche ou indéfini, qui signifie un temps qui n'est pas tout-à-fait passé. *Au commencement, Dieu* CRÉA *le Ciel & la Terre*; ce commencement du monde n'est plus. *Le monde n'est paſ éternel, il n'*A PU *se former lui-même, c'est Dieu qui l'*A CRÉÉ. Dieu a créé le monde dans le tempſ, & le temps dure encore, c'est pourquoi l'on se sert du passé indéfini. Il en est de même lorsqu'on dit, *j'*AI ÉCRIT *aux Indes; j'*AI REÇU *des nouvelles de la Chine en Mars dernier*, parceque celà n'arrive que tous les six moiſ, ou plutôt tous les ans, ainsi l'on comprend un temps qui n'est pas encore passé.

Il ne faut pas confondre les deux premières personnes du singulier du passé défini avec celles de l'imparfait optatif & subjonctif, en disant par exemple : *il faudroit que je* FUS *bien simple pour celà*, au lieu de *que je fusse* ; *il falloit bien que je fis mon affaire*, au lieu de *que je fisse* ; *je voudrois que tu te trouvas dans le même cas*, pour *que tu te trouvasses* ; *il attendoit que tu sortis*, pour *sortisses* ; *il s'étoit déguisé pour que tu ne le connus pas*, dites, *pour que tu ne le connusses pas*.

Remarques sur l'usage des Nombres & des Personnes des Verbes.

Quoique les noms collectifs signifient au singulier plusieurs objets, le verbe dont ils sont le sujet ne se met au plurier qu'avec les collectifs partitifs. *Un million de personnes de tout âge & de tout sexe sont morts de la peste* ; *nombre de bestiaux ont péri par l'inondation* ; *il y a peu de fruits cette année, la plupart ont coulé par la gelée*. Mais on dira au singulier, *tout Paris a vu la Fête* ; *le Parlement a assisté à la procession* ; *le Régiment des Gardes va partir* ; parceque *Paris*, *le Parlement*, *le Régiment* sont collectifs absolus.

Quoiqu'on dise *nous & vous*, non seulement au plurier, mais encore au singulier, le premier en parlant de soi-même, comme font les Grands, & le second lorsqu'on parle à une personne qu'on ne tutoie pas ; le verbe est toujours au plurier. *Nous ordonnons, voulons & nous plaît*, dit le Roi. Un Ambassadeur, un Juge, un Consul dit : *nous fesons foi & attestons* ; *nous avons fait expédier ces présentes*, &c.

Lorsqu'on parle à quelqu'un de lui & de soi-même, ou d'une autre personne, on dit *nous*; lorsqu'on lui parle de lui & d'un autre, on dit *vous*. *Vous & moi, nous nous accordons bien ensemble; M. N. & moi, nous irons vous voir; vous & Madame N. vous êtes les plus raisonnables.* Les Grammairiens donnent de celà une raison que je ne comprends pas; ils disent que la première personne est plus noble que les deux autres, & la seconde plus que la troisième. Si celà étoit vrai, on ne nommeroit pas celle à qui l'on parle, ni celle de qui l'on parle, avant de se nommer soi même; ou du moins on ne parleroit pas aux Grands à la troisième personne en leur donnant leurs titres, savoir, de *Sainteté* au Pape, d'*Eminence* aux Cardinaux, de *Grandeur* aux Archevêques, Evêques, &c. de *Majesté Impériale* à l'Empereur, de *Majesté Très-Chrétienne* au Roi notre Maître; de *Majesté Catholique* au Roi d'Espagne, *de Majesté Orthodoxe* au Roi de Pologne, de *Majesté Très-Fidèle* au Roi de Portugal, de *Majesté Apostolique* à la Reine de Hongrie, de *Majesté* tout court aux autres Rois, de *Hautesse* au Grand Seigneur, d'*Altesse Sérénissime* aux Princes du Sang & aux Princes Souverains, & d'*Altesse Royale* aux Princes qui aprochent du Thrône, mais non aux Enfants de France; d'*Excellence* aux Ambassadeurs, & de *Grandeur* aux Personnes fort distinguées; car on dit, *Votre Sainteté, Votre Majesté sera obéie; je ferai promptement ce que Votre Altesse souhaite, ordonne; Votre Grandeur peut compter sur ma parole.* La raison donc des expressions ci-dessus me paroît être celle ci, savoir, que celui qui parle de soi & d'un autre, ne peut comprendre les deux sans dire *nous*, & que celui qui parle à un autre & d'un autre, ne peut comprendre les deux sans dire *vous*. Si celà est noblesse, je passe condamnation.

Mais, puisque nouſ avons fait mention des titres, observez qu'aucun de ces titres n'est vocatif ni appellant en françois, comme il l'est dans quelqueſ autres langueſ, & qu'on ne dit pas, *Oui, Votre Majesté*, maiſ *oui, Sire;* & à la Reine, *oui, Madame;* & qu'on ne met pas ces titreſ au haut des lètres, *Votre Sainteté*, *Votre Altesse*, *Votre Eminence*, *&c.* maiſ on met *Très Saint Père*, *Monseigneur*, *&c.* Et lorſqu'on traite de Monseigneur & de Madame, on ne parle point à la troiſième personne, mais seulement en exprimant le titre comme ci-dessus. *Si vous souhaitez, Monseigneur, Madame; Si Votre Excellence souhaite, &c.*

Remarques sur le Régime des Verbes.

A l'égard du régime, les verbes régissent des nomſ & d'autres verbes. Leſ noms régis par les verbes signifient l'objet immédiat, ou le médiat de l'action du verbe, lesquels se mettent après le verbe, & l'objet immédiat avant le médiat. *Donnez ce livre à mon frère.* L'objet signifié par un pronom relatif se met avant le verbe. *La grace que je vous demande; la personne de qui je vouſ ai parlé, dont vous connoissez le mérite.* On met aussi l'objet médiat avant l'immédiat, lorsque celui-ci est suivi d'autres mots qui s'y rapportent. *Donnez à mon frère le livre que vous trouverez sur mon bureau.*

Le verbe régit aussi d'autres noms qui signifient le lieu où l'on va, celui d'où l'on vient, &c. *Conduiſez Monsieur aux Tuileries; il est parti pour Rome;* & ne dites paſ, *il est parti à Rome, &c. je viens de Madrid, du Méxique, de la Chine, &c. il a été condamné à être pendu;* & ne dites pas, *d'être pendu.*

Pour ce qui est du régime des verbes à l'égard d'autres verbes, un verbe au présent indicatif, au présent optatif, ou au futur, en régit un autre au présent optatif & subjonctif, ou au futur. *Il* FAUT *que nous* SOYONS *toujours prêts à faire le grand voyage de l'autre monde;* PLAISE *à Dieu que je* VOIE *la fin de mon entreprise; je* TACHERAI *de faire en sorte que vous* SOYEZ *content*, ou *je* FERAI *en sorte que vous* SEREZ *content.* Pour signifier une chose passée, un présent peut régir un parfait optatif & subjonctif. *Dieu* VEUILLE *qu'il* SOIT ARRIVÉ *à bon port, qu'il* AIT OBTENU *ce qu'il désiroit; je* VEUX, *je* SUPPOSE *que l'affaire se* SOIT PASSÉE *comme vous dites.* Les verbes qui signifient *science, croyance, opinion, &c.* régissent les verbes qui les suivent aux temps indicatifs. *Je* SAI, *je* CONVIENS, *je* CROIS *que la chose s'est passée comme vous dites; quelques-uns* PENSENT *que Saint Paul* A ÉTÉ *en Espagne; je* SOUTIENS *que la terre est ronde, immobile & placée au milieu de l'univers.*

Un présent peut régir un imparfait, ou un plusqueparfait, lorsque l'expression est douteuse ou conditionnelle. *Si l'on ne connoissoit de suicide que chez les Chaircutiers, il n'*EST *personne au monde qui ne l'aprouvât;* on DOUTE *qu'aucun fût en sûreté, s'il n'y avoit point de Justice; je ne* CROIS *pas que certains furieux soi-disant Philosophes,* EUSSENT EU *le courage insensé de se défaire eux-mêmes, si, en voulant se délivrer des maux présents, ils avoient pensé à ceux où ils alloient se précipiter.*

Un imparfait régit toujours un imparfait, ou un plusqueparfait; & jamais il ne régit un présent ni un parfait. *Il* VOULOIT *que j'*ACCEPTASSE, & non pas *que j'*ACCEPTE, *le parti qu'il me pro-*

poſoit ; il FALLOIT *que j* ATTENDISSE, & non *que j'*ATTENDE *; vous* VOUDRIEZ *que j'*ALLASSE, & non *que j'*AILLE. *Je* VOUDROIS *que vous me* FISSIEZ, & non *que vous me* FASSIEZ, *un plaiſir. Je* SOUHAITEROIS *qu'il* VÎNT, & non *qu'il* VIENNE. *Il a été abſous, & l'on* VOULOIT *qu'il* FÛT *été*, & non *qu'il* AIT *été, condamné.*

Un passé défini, un passé indéfini, un plusqueparfait, régissent un imparfait ou un plusqueparfait. *Dieu* DONNA *aux Hébreux la Loi Écrite, pour qu'elle leur* RAPPELLÂT *celle de Nature, que les crimes feſoient oublier à la plupart deſ hommes, & pour qu'elle* FÛT *la figure de celle de Grâce, qu'il vouloit donner à la fin des temps. Dieu* A DONNÉ *aux hommes des préceptſ & des conseils, pour qu'en leſ observant, chacun selon son état, ils* DEVINSSENT *semblableſ à son Fils, & possesseurs de sa gloire. Aucun des Justes de l'ancienne Loi ni de la nouvelle n'*ÉTOIT ENTRÉ *dans le Ciel avant que Jéſus Christ y* FÛT MONTÉ. Cependant un imparfait, un passé indéfini, un plusqueparfait, peuvent régir un préſent, lorsqu'il s'agit d'une choſe qui est toujours vraie, ou qui doit ou qui peut être faite en tout temps. *Hippocrate* DIſOIT *que toute réplétion de nourriture* EST *contraire à la santé, & celle de pain plus que toute autre. Jeſus-Christ nouſ* A AVERTIS *qu'il* FAUT *que nous* SOYONS *en garde contre les faux Prophèteſ, & que nous nous* PRÉPARIONS *toujourſ à paroître devant lui, parcequ'il viendra lorsque nous n'y penserons point. David* AVOIT ENSEIGNÉ *que, si l'on est riche des biens de ce monde, il ne faut paſ y attacher son cœur.*

Remarques sur leſ Adverbes.

Leſ adverbes *dépendamment, indépendamment, différemment,*

différemment, demandent à être suivis de la préposition *de* : *s'habiller différemment des autres, c'est vanité ; vivre indépendamment de tout maître, c'est libertinage ; agir dépendamment de ses Supérieurs, c'est l'obligation de tout particulier.*

Les adverbes *convenablement*, *conformément*, *préférablement*, *privativement*, *relativement*, admettent à leur suite la préposition *à*. *Vivre convenablement à son état, conformément aux Loix ; aimer Dieu préférablement aux créatures ; jouir d'un privilege privativement aux autres ; tout cela s'entend relativement aux principes reçus.*

Aussi, *autant*, sont employés dans les phrâses affirmatives, & *si*, *tant*, dans les négatives, même lorsque *tant* & *autant* sont pronoms de quantité. *Elle est aussi vertueuse que belle ; l'un me plaît autant que l'autre ; j'en donnerois autant de l'un que de l'autre ; elle n'est pas si maligne que sa sœur ; je ne l'aime pas tant que l'autre ; je n'en donnerois pas tant que de l'autre.* On dit cependant *tant que* dans les phrâses affirmatives. *Il conduisoit vingt mille hommes, tant sujets qu'auxiliaires, tant Infanterie que Cavalerie, &c.* mais le verbe est loin.

A demi, *à moitié*, sont des manieres adverbiales ; ainsi, quoique *plus* doive être suivi de la préposition *de* avant un substantif, je crois qu'il faut dire *plus qu'à moitié*, *plus qu'à demi*, & non *plus d'à demi*, *plus d'à moitié.*

Auparavant n'a point de suite ; *avant* en a une. *Cela est arrivé auparavant ; vous êtes arrivé avant les autres ; avant de juger, avant de parler, il faut réfléchir ; avant que vous m'eussiez fait avertir, j'étois déja prêt.*

Davantage, adverbe & pronom de quantité, ne doit être suivi de rien ; *plus* demande une suite, ou il peut l'avoir. *Que pouvoit-on attendre davantage? S'inquiéter, se plaindre mal-à-propos dans les aflictions, ne sert qu'à faire soufrir davantage; on lui a accordé plus qu'il ne demandoit; il est plus pauvre qu'un Capucin.*

Dessus, *dessous*, *dedans*, *dehors*, peuvent être suivis d'un nom, lorsqu'on met plusieurs de ces adverbes de suite, ou lorsqu'ils sont précédés de *de*, *au*, *en*, *par*. *Cherchez bien dessus & dessous le lit; ôtez celà de dessus la table, & le placez au dessous du tableau; mettez ce pot en dehors de la fenêtre; j'ai des affaires par dessus la tête; passerons-nous par dedans la Ville?*

Hors prend *de*, lorsqu'il signifie exclusion. *Il est hors d'atteinte, hors de la Ville;* mais on peut dire *il a acheté une maison hors la porte Saint-Martin, &c. Hors*, signifiant *excepté*, ne prend rien s'il est suivi d'un nom; il prend *de*, s'il est suivi d'un infinitif, & *que*, s'il est suivi d'un temps indicatif. *Hors sa légéreté, je l'aime beaucoup; il révère extrêmement les Saints, hors de les imiter, hors qu'il ne les imite pas.*

Au lieu de *jusqu'à aujourd'hui*, ou *jusqu'aujourd'hui*, je dirois *jusqu'à ce jour.*

Ne pas, *ne point*, adverbes négatifs, sont employés dans les phrâses où le verbe est exprimé, ordinairement avec un mot entre deux. *Il n'est pas venu; il ne nous attendra pas; il ne veut point; il ne s'y attendoit point.* L'adverbe *point* nie plus fort & plus absolument que l'adverbe *pas*. On dit *pas un*, *pas une*, *pas tant*, *pas si bien*, *&c.* en suprimant *ne*. On suprime aussi *pas* & *point*, lorsqu'il suit un adverbe ou un pronom négatif, ou une conjonction négative. *Ne dites rien; je ne connois personne; je ne partirai que je n'en aie reçu l'ordre; je n'ai jamais été heureux.* On suprime aussi *pas* & *point* avec le verbe *oser*, & avec le verbe *savoir*, signifiant au conditionnel manque de pouvoir, & aux autres temps, doute & incertitude. *Il n'osoit se montrer ; je ne saurois faire autrement ; je ne sai comment faire.* Mais pour signifier absolument ignorance, on exprime *pas* ou *point*. *Je ne savois pas que vous m'attendiez ; je ne le sai point* ; & encore avant, *à moins que*, *excepté*, hors que ; *je ne parlerai point de celà, à moins que vous ne le vouliez*, hors *que vous n'y consentiez ; il n'y a pas eu de monde, excepté, si ce n'est quelques Etrangers.*

Lorsqu'on apréhende ce qu'on ne voudroit pas, on suprime *pas* ou *point*. *J'ai peur qu'il ne vienne nous interrompre.* Au contraire on les exprime, si c'est une chose qu'on voudroit. *Je crains qu'il ne vienne pas nous aider.*

Lorsqu'on n'exprime pas le verbe, on dit tout court, *non*, ou *point*, *non pas*, ou *point du tout*. Il y a des gens qui emploient ce dernier adverbe mal à propos. *Nous l'attendions avec impatience ; point du tout, le voilà qui arrive.* Que veut dire ce *point du tout ?* c'est un tic ; la phrâse est affirmative.

Remarques sur les Prépositions.

Avant signifie priorité de temps ou d'ordre. *Ne répondez pas avant la demande ; n'exécutez rien avant le commandement ; ne vous placez pas avant les autres.*

Devant signifie en présence ou vis-à-vis *Nous paroîtrons tous devant le souverain Juge ; l'aiguille est devant le portail.* Il signifie aussi avant ; mais alors il n'est suivi de rien. *Allez devant, moi je demeure derrière.*

Dans a un sens déterminé, & *en* a ordinairement un sens vague. *Dans la ville*, dont il est question : *à la ville* a presque le même sens, &

signifie aussi à l'Hôtel-de-Ville. *En ville* veut dire chez quelque ami, dans quelque quartier de la ville, qu'on ne nomme pas.

En campagne veut dire à l'armée, ou en voyage; *à la campagne* signifie dans quelque maison de plaisance, au village; *dans la campagne*, veut dire dans les champs.

Dans deux jours veut dire après deux jours; & *en deux jours*, signifie dans l'espace de deux jours.

A l'entour n'a aucune suite, comme autrefois; *autour* en a une; *le pays d'alentour; autour du parc; autour de la ville.*

A travers se dit sans *de*; *au travers* le demande; *à travers le bois; au travers du corps.*

Remarques sur les Conjonctions.

Encore que, bien que, quoique, quelque.... que, malgré que, à moins que, afin que, avant que, pour que, en cas que, au cas que, posé que, supposé que, de crainte que, de peur que, pour peu que, pourvu que, sans que, soit que; ainsi que les pronoms *quelque*, *quoique*, régissent les temps subjonctifs. *Quoique vous* SOYEZ *riche, quelque riche que vous* SOYEZ, *vous vous ruinerez si vous faites de folles dépenses. Quand*, dans le sens de *quoique*, régit le conditionnel. *Quand on* SEROIT *très éclairé, il ne faut pas compter sur ses propres lumières dans les choses importantes.*

Le pronom *tout*, employé comme conjonction, régit l'indicatif. *Tout habile qu'il* EST, *il peut faire des fautes; toutes justes que* SONT *vos raisons, il faut que quelqu'un les appuie pour qu'elles soient écoutées.*

On attribue à *sinon que, si ce n'est que, de manière que, de sorte que, en sorte que, tellement que*, la vertu de régir, tantôt le subjonctif, tantôt l'indicatif *Il faut vivre de manière que l'ennemi ne puisse rien nous reprocher ; Saint Martin a vécu de manière que l'ennemi n'a pu rien lui reprocher.* Je crois pourtant que ce n'est pas la conjonction, mais que c'est le verbe qui la précède, lequel régit le verbe suivant. Ne dites pas *si tellement*, c'est une grossièreté.

Lorsqu'une proposition conditionnelle contient deux conditions, la première s'énonce par *si* aux temps indicatifs, & la seconde par *que* aux temps subjonctifs. *Si l'on* A *des dispositions, & qu'on* SACHE *en profiter, on vient ordinairement à bout de tout ce qu'on entreprend ; si vous* ÉTIEZ *un peu moins dissipé, & que vous* VOULUSSIEZ *aprendre l'orthographe & l'arithmétique, vous pourriez obtenir quelque bon emploi ; si vous* AVIEZ ÉCOUTÉ *les conseils de vos amis, & que vous n'*EUSSIEZ *pas* ÉTÉ *si impatient, vous seriez aujourd'hui plus tranquille que vous n'êtes.*

Autres Remarques sur plusieurs Parties du Discours.

Lorsqu'un verbe est suivi de plusieurs sujets singuliers, il peut être singulier. *La désolation, la famine, la peste, sont les funestes effets que produit ordinairement la dissention, l'inimitié, la guerre intestine ou l'externe.*

L'adjectif, le pronom & le verbe, qui se rapportent à plusieurs substantifs de divers genres, se mettent au plurier & au masculin. *Il y a des Eglises où les hommes & les femmes sont séparés les uns des autres, de sorte qu'ils ne peuvent se parler ni se voir aisément.*

L'adjectif & le pronom placés immédiatement après deux substantifs de choses inanimées, s'accordent avec le dernier. *Elle chante, elle danse avec un goût & une grace singulière ; voilà l'hameçon & l'amorce à laquelle il a été pris.*

Tout & *rien*, à la suite de plusieurs substantifs, même pluriers, demandent que le verbe soit au singulier. *Vertus, bonnes œuvres, mérites, tout est détruit par le péché mortel; mais une vraie pénitence rétablit tout.*

Si le premier de plusieurs substantifs a l'article, il le faut donner aussi aux suivants. *L'air, l'eau, le feu, la terre, sont les quatre éléments qui composent les corps naturels.* Si le premier est sans article, les autres sont de même. *Une avalange de neige couvre & étouffe cabanes, maisons, Bergers, troupeaux, sans qu'on puisse l'éviter.*

Le pronom sujet se répète, lorsque le verbe change de temps. *Je dis & je dirai toujours qu'il faut écouter la raison, & déférer à l'autorité légitime.* On le répète aussi lorsqu'un verbe affirme, & que l'autre nie. *Cette personne pense bien, elle ne s'en fait pas accroire, & ne donne pas dans la nouveauté pour briller; elle attend le jugement supérieur, sans décider ce qui est au-dessus d'elle.* Enfin on répète le pronom sujet après les conjonctions, excepté *&* & *ni*. *Il jeûne, mais il médit; elle est jolie, & cependant elle est dévote.*

Le verbe se répète lorsqu'il a une négation dans un membre de phrâse, & qu'il n'en a point dans un autre. *L'inconstant veut une chose, & l'instant d'après il ne la veut plus; que le monde aprouve ou qu'il n'aprouve pas nos bonnes actions, il ne faut pas nous lasser de bien faire.* Il faut le répéter aussi, lorsque d'actif il devient passif ou pronominal. *Après avoir trompé, il a été trompé; mais lorsqu'il trompoit les autres, il se trompoit lui même.* Enfin on répète le verbe après la conjonction *si*. *Un Philosophe voyant un jeune homme qui ne parloit point, lui dit: Ou vous êtes sot, ou vous êtes sage: si vous êtes tot, vous vous comportez sagement ; mais, si vous êtes sage, votre silence est une sottise.*

On répète la préposition avant les substantifs, & avant les verbes qui signifient des choses diverses. *Employer son temps pour s'amuser, pour s'instruire, & pour être utile à la société, c'est agir en homme raisonnable & en bon Citoyen.*

La conjonction *que* se répète à chaque changement de verbe. *Je déclare que je n'avois jamais pensé à écrire ce Livre ; qu'une Personne aimable, spirituelle & judicieuse m'y a engagé ; que j'y ai travaillé avec tout le soin que j'ai pu ; & que, si l'on y trouve des fautes, on m'obligera de m'en avertir, afin que je puisse les corriger.*

FIN.

APPROBATION.

J'AI lu, par ordre de Monseigneur le Chancelier, un Manuscrit intitulé : *Nouvelle Grammaire, contenant en abrégé tous les Principes de la Langue françoise.* Ces principes & leur application m'ont paru conformes au génie & au caractere distinctif de cette Langue. A Paris, ce 19 Août 1772. GENET, *Censeur Royal.*

PRIVILEGE DU ROI.

LOUIS, par la grace de Dieu, Roi de France & de Navarre : A nos amés & féaux Conseillers, les Gens tenants nos Cours de Parlement, Maîtres des Requêtes ordinaires de notre Hôtel, Prevôt de Paris, Baillifs, Sénéchaux, leurs Lieutenants Civils & autres nos Justiciers qu'il appartiendra ; SALUT. Notre amé le Sieur BARTHELELEMI ANTOINE BERTERA, Notre Interprête, Nous a fait exposer qu'il desireroit faire imprimer & donner au Public une *Nouvelle Grammaire, contenant en abrégé tous les Principes de la Langue françoise*, s'il Nous plaisoit lui accorder nos Lettres de Privilege pour ce nécessaires. A CES CAUSES, voulant favorablement traiter l'Exposant, Nous lui avons permis & permettons, par ces Présentes, de faire imprimer ledit Ouvrage autant de fois que bon lui semblera, & de le vendre, faire vendre & débiter par tout notre Royaume, pendant le temps de six années consécutives, à compter du jour de la date des Présentes. Faisons défenses à tous Imprimeurs, Libraires, & autres personnes, de quelque qualité & condition qu'elles soient, d'en introduire d'impression étrangère dans aucun lieu de notre obéissance; comme aussi d'imprimer ou faire imprimer, vendre, faire vendre, débiter ni contrefaire ledit Ouvrage, ni d'en faire aucuns Extraits, sous quelque prétexte que ce puisse être, sans la permission expresse & par écrit dudit Exposant, ou de ceux qui auront droit de lui, à peine de confiscation des Exemplaires contrefaits, de trois mille livres d'amende contre chacun des contrevenants, dont un tiers à Nous, un tiers à l'Hôtel-Dieu de Paris, & l'autre tiers audit Exposant, ou à celui qui aura droit de lui, & de tous dépens, dommages & intérêts; à la charge que ces Présentes seront enregistrées tout au long sur le Registre de la Communauté des Imprimeurs & Libraires de Paris, dans trois mois de la date d'icelles; que l'impression dudit Ouvrage sera faite dans notre Royaume, & non ailleurs, en bon papier & beaux caractères, conformément aux Réglements de la Librairie, & notamment à celui du dix Avril mil sept cent vingt-cinq, à peine de déchéance du présent Privilege; qu'avant de l'exposer en vente, le Manuscrit qui aura servi de copie à l'impression dudit Ouvrage, sera remis, dans le même état où l'approbation y aura été donnée, ès mains de notre très cher & féal Chevalier, Chancelier Garde des Sceaux de France, le sieur DE MAUPEOU; qu'il en sera ensuite remis deux Exemplaires dans notre Bibliotheque publique, un dans celle de notre Château du Louvre, & un dans celle dudit sieur DE MAUPEOU : le tout à peine de nullité des Présentes. Du contenu desquelles vous mandons & enjoignons de faire jouir ledit Exposant, & ses ayant cause, pleinement & paisiblement, sans souffrir qu'il leur soit fait aucun trouble ou empêchement. Voulons que la Copie des Présentes, qui sera imprimée tout au long au commencement ou à la fin dudit Ouvrage, soit tenue pour duement signifiée, & qu'aux Copies collationnées par l'un de nos amés & féaux Conseillers Secretaires foi soit ajoutée comme à l'Original. Commandons au premier notre Huissier ou Sergent sur ce requis, de faire pour l'exécution d'icelles, tous actes requis & nécessaires, sans demander autre permission, & nonobstant Clameur de Haro, Charte Normande, & Lettres à ce contraires. CAR tel est notre plaisir. DONNÉ à Paris, le trentieme jour du mois de Septembre, l'an de grace mil sept cent soixante-douze, & de notre regne le cinquante-septieme. Par le Roi en son Conseil. LE BEGUE.

Registré sur le Registre XVIII de la Chambre Royale & Syndicale des Libr. & Impr. de Paris, N°. 2289, fol. 736, conformément au Réglement de 1723, qui fait défenses, art. IV, à toutes personnes, de quelques qualité & condition qu'elles soient, autres que les Libraires & Imprimeurs, de vendre, débiter, faire afficher aucuns Livres, pour les vendre en leurs noms, soit qu'ils s'en disent les Auteurs ou autrement, à la charge de fournir à la susdite Chambre huit Exemplaires prescrits par l'art. CVIII du même Réglement. À Paris, ce 3 Octobre 1772.

C. A. JOMBERT pere, Syndic.

www.ingramcontent.com/pod-product-compliance
Ingram Content Group UK Ltd.
Pitfield, Milton Keynes, MK11 3LW, UK
UKHW020557180726
13838UKWH00001B/300

9 782329 481258